Mon Histoire

Portrait en couverture : Antoine Ronzon

Document : Vase grec (détail), coll. musée San Martino, Naples
© Oronoz /AKG, Paris

Viviane Koenig

AU TEMPS DU THÉÂTRE GREC

JOURNAL DE CLÉO, ATHÈNES, 468 AVANT J.-C.

GALLIMARD JEUNESSE

Le journal de Cléo commence le 13e jour du mois de Poséidon, ce qui correspond au début du mois de janvier 468 avant notre ère (voir la note consacrée au calendrier athénien dans le glossaire en fin d'ouvrage).

Athènes, en 468 avant notre ère

13e JOUR DU MOIS DE POSÉIDON

Le premier rayon de soleil, qui se glissa par la fenêtre, m'ordonna de me lever... Me lever ? À quoi bon ? Ce matin, je n'en avais pas envie. Mais alors pas du tout. Je ne voyais devant moi que routine et ennui. Hier comme aujourd'hui, aujourd'hui comme demain... En hiver, mes journées se suivent et se ressemblent. Je compte les heures, je tue le temps, j'hiberne ! Glacée jusqu'aux os, je me recroquevillai dans mon épaisse couverture de laine, cherchant à bloquer les coulis d'air qui s'y faufilaient malgré tous mes efforts.

– Allez, debout, Cléo, debout ! me conseilla la voix de la sagesse. Bouger te réchauffera.

Pas question d'affronter le froid. Je me contentai d'agiter les pieds, de faire des moulinets avec les mains et de me frotter vigoureusement les bras... La porte de la chambre s'entrouvrit et Lara, la jeune esclave de la maison, entra, presque sans bruit. Elle posa une cruche d'eau dans un coin et alluma le brasero qui tiédira l'atmosphère en peu de temps.

14ᴱ JOUR DU MOIS DE POSÉIDON

Si j'avais su hier ce que cette journée glaciale me réservait, j'aurais bondi hors de mon lit ! Je paressais encore sous ma couverture, quand Nysa, ma vieille nourrice, vint me secouer.

– Vas-tu enfin te lever, Cléo ! gronda-t-elle. Maître Cléandros t'attend.

Là, mon sang ne fit qu'un tour.

– Et il a l'air pressé, précisa-t-elle.

J'aurais dû revoir mes leçons, relire mon travail, corriger mes erreurs ou réviser ma récitation au lieu de me lamenter sur mon sort qui n'a rien de lamentable ! Nysa ôta d'un coup ma couverture. Elle me donna une tape sur les fesses et ajouta :

– Maître Cléandros a dit : immédiatement ! Et il semble contrarié.

Je craignais le pire. Mon père ne s'énerve jamais sans de bonnes raisons. Grand, beau, intelligent, il est le meilleur des Athéniens et le plus gentil des pères – enfin, je le crois car je ne possède aucun élément de comparaison. Il est aussi le meilleur des acteurs. Au théâtre, il n'a pas son pareil ! Il possède l'art et la puissance des mots. Mieux encore, il aime partager sa passion et tient absolument à ce que ses enfants apprennent à lire, écrire, compter et déclamer. Pour le moment, il n'en a que deux : moi, sa fille de onze ans, et Salios, mon petit frère de trois mois. Et, à ce sujet, j'ai beaucoup de chance car, en général, les Athéniens n'instruisent pas leurs filles. Ils n'y pensent même pas, ils s'en moquent. Quel serait mon ennui si je ne me régalais pas des aventures d'Ulysse et Pénélope, d'Hélène et Ménélas, d'Achille et de...

QUELQUES MINUTES PLUS TARD

– Ah ! Enfin ! s'exclama mon père qui, les mains croisées dans le dos, faisait les cent pas quand j'entrai dans la grande salle du rez-de-chaussée.

Je bafouillai de mauvaises excuses. Comme il ne m'écoutait pas, je me tus, embarrassée. Jamais je ne l'avais vu ainsi. Que se passait-il donc ?

– Cléo, tais-toi et écoute-moi bien !

Puisque je ne disais rien, pourquoi me demander de me taire ? Avait-il perdu l'esprit ? Il soupira un grand coup, rendit plus sombre encore son regard noir et ajouta :

– L'Archonte-éponyme et tous les hauts dirigeants d'Athènes ont décidé de l'organisation des Grandes Dionysies, la prochaine grande fête, et... je... j'ai... j'ai trois mois pour apprendre mes rôles. C'est bien suffisant, cependant... j'ai pensé que...

Pourquoi bégayait-il ainsi ?

– Ma petite fille, reprit-il sur le ton de la confidence, puisque maintenant tu lis presque aussi bien que moi, je mémoriserai mieux mon texte si tu me donnes la réplique. C'est décidé. Nous commencerons demain... Allons, va, disparais, laisse-moi !

Je le regardais réchauffer ses mains au-dessus du brasero, tête basse. Je n'osais l'abandonner ainsi... D'où lui venait cet air désespéré ?

– Laisse-moi, répéta-t-il tristement.

15e JOUR DU MOIS DE POSÉIDON

Malgré l'hiver, toujours aussi rigoureux ce matin à en croire mon nez glacé, je me levai de bonne heure, bien avant l'arrivée de Lara. En proie à une incroyable fébrilité, je me mis à ranger les jouets de Salios, à plier ses langes, à vérifier le contenu de mon coffre à vêtements. La journée s'annonçait formidable. Mon père réclamait mon aide et rien ne pouvait me faire plus plaisir que de répéter avec lui. Quelle marque de confiance ! Quel honneur et quel merveilleux passe-temps !

Tout en veillant sur mon petit frère, Nysa me surveillait du coin de l'œil quand, sans raison particulière, elle me demanda de me calmer. Mon excitation l'exaspérait.

– Je déteste te voir ainsi, dit-elle sèchement. L'agitation est un bien gros défaut chez une femme, et une catastrophe chez une fillette !

Il est vrai que je ne tenais pas en place. Je ne pouvais m'arrêter, déplaçant un tabouret, tripotant un miroir, ou recoiffant mes cheveux coupés court comme toujours à la mort d'un proche. Le gynécée, l'appartement des femmes, me semblait trop petit.

– Arrête de tourner en rond et viens m'aider ! m'ordonna-t-elle.

La toilette de Salios terminée, j'ai un peu filé la laine et beaucoup tissé. J'ai relu le passage d'Homère que je devais réciter à mon père... Mon père ? Je l'ai entendu sortir à l'aube, puis rentrer longtemps après. À partir de cet instant, j'ai attendu en vain un signe de lui, je l'ai espéré jusqu'à la tombée de la nuit. Il ne m'a pas appelée.

16e JOUR DU MOIS DE POSÉIDON

Encore une journée passée à me morfondre au gynécée, à patienter, à épier les allées et venues de mon père au rez-de-chaussée de la maison. Non seulement il avait oublié sa merveilleuse proposition, mais il ne me donnait plus de cours, ne vérifiait ni mes leçons ni mes devoirs. Bref, il m'abandonnait... Cette journée me parut interminable.

– Que se passe-t-il, ma bonne nourrice ?

Dix fois, cent fois, j'interrogeai Nysa qui me grommelait des réponses qui n'en étaient pas.

– Si tu crois que j'ai le temps de m'occuper des affaires du maître, tu te trompes, Cléo ! J'ai suffisamment à faire avec toi, ton petit frère et les soucis de la cuisine.

Pourtant, j'en étais certaine, elle savait tout. Mais tout quoi ?

17e JOUR DU MOIS DE POSÉIDON

À mon réveil, il neigeait et je pleurai. Gelée jusqu'aux os, j'étais convaincue que le brasero ne me réchaufferait jamais. Mon cœur glacé se recroquevillait de désespoir puisque mon père me délaissait.

– Cesse de te lamenter sur ton sort, habille-toi et reprends ton tissage ! s'exaspéra Nysa.

J'obéis, abandonnant ma rêverie et mon lit, mon unique refuge.

– Et puis, Cléo, oublie les balivernes que ton père t'a mises en tête.

– Quelles balivernes ?

– Eh bien ! Toutes tes belles lectures, tes pages d'écriture, tes additions et tes textes à réciter. Ta place est au gynécée où je t'apprendrai à diriger une maison et à élever des enfants. Voilà qui te sera utile !

Nysa caressa mes cheveux, tapota ma joue et me confia avec tendresse :

– Crois-moi, ma jolie, pour nous, les femmes, il est superflu de lire et d'écrire ! Les filles sont les filles, et les garçons les garçons, c'est pas pareil... Ah ! Si ta mère vivait encore, la vie serait plus facile. Souviens-toi de son sourire et... suis son exemple.

Ma mère ? Elle me manque si peu et je l'oublie si vite. Je dois être un monstre ! Mais non, j'ai des excuses car elle ne s'occupait jamais de moi. Pas de tendresse, pas de bavardage, pas de conseils ! Morte en donnant naissance à Salios, elle me fit ce jour-là son unique cadeau : un petit frère adorable.

❋

Mon sommeil a été agité, perturbé par d'horribles cauchemars. À mon réveil, mon cœur battait trop vite, j'avais la gorge sèche et les joues en feu. Malgré tous mes efforts, je ne me souvenais que de quelques détails effrayants. Pourtant, comme tous les Grecs, je sais que les rêves, bons ou mauvais, sont des messages des dieux, messages hélas incompréhensibles pour moi. Quelle divinité m'a parlé cette nuit ? Et que voulait-elle me dire ?

Le jour se leva enfin. Je me sentais seule, perdue au milieu d'un monde hostile. À qui me confier ? À Nysa ? Sûrement pas. À ma petite esclave qui travaille dans la maison du matin au soir, et ne sait ni lire ni écrire ? Bien sûr que non. À mon petit frère ? Ridicule... J'étais sur le point de pleurer quand il me vint une idée toute simple, mais lumineuse : j'allais me confier à moi-même, j'allais m'écrire ! Et rien ne m'empêche d'utiliser autrement le vieux rouleau de papyrus que mon père m'a donné pour m'exercer en grec. Il voulait que j'y copie des mots, des phrases, en soignant mon écriture et en surveillant mon orthographe. Eh bien, non ! Papyrus, tu es désormais mon unique ami, mon confident !

Mais un ami doit avoir un nom. À moi de le choisir... Je n'ai pas hésité longtemps. Papyrus, tu t'appelles désormais Patrocle, comme Patrocle le meilleur ami d'Achille, le héros que tous les Grecs admirent. Patrocle qui mourut au combat au pied des murailles de Troie. Patrocle qu'Achille pleura des jours durant. Patrocle dont Homère le poète chanta le courage… Heureusement, toi, mon Patrocle à moi, tu ne crains ni l'épée ni les flèches de mes ennemis. D'ailleurs, je n'ai pas d'ennemi. Pas d'ami non plus, sauf toi, maintenant.

Voilà, c'est fait. J'ai rattrapé mon retard. Je viens d'écrire ce qui s'est passé d'étonnant ces derniers jours. Désormais, promis, juré, je noterai tous les grands moments de ma vie, mes peines et mes joies.

19e JOUR DU MOIS DE POSÉIDON

Ce matin, j'ai demandé à Lara d'espionner mon père pour découvrir la raison de son indifférence à mon égard. En tant qu'esclave, elle circule comme elle veut dans la maison. Elle va et vient de la cuisine à la réserve aux provisions, de la grande salle à la chambre de mon père, en passant par le gynécée. Elle traverse mille fois par jour la cour aux colonnes. Elle grimpe à toute allure l'escalier qui mène à la terrasse et y accroche le linge. Elle balaie, lave, cuisine, va chercher l'eau à la fontaine… et m'obéit sans discuter.

Mince, la peau mate et l'esprit vif, Lara a onze ans, comme moi. Cependant, elle est esclave et je suis citoyenne d'Athènes ! Elle appartient à un monde différent du mien. Nos deux univers se côtoient sans se connaître, mais je l'aime bien, et j'ai un peu honte de me plaindre devant elle de la mauvaise humeur de mon père. Achetée au marché il y a deux ou trois ans, Lara ne se souvient même pas du sien.

20e jour du mois de Poséidon

*L*ara a tant et si bien rusé que, ce matin, elle a accompagné mon père sur l'Agora. C'est le rendez-vous quotidien des bons citoyens d'Athènes qui discutent tout en faisant leurs achats. Son absence m'a semblé longue. Certains jours, le temps passe trop lentement. Ce fut le cas ce matin. Mais, que cela me plût ou non, je dus attendre patiemment son retour pour en savoir plus. Et attendre n'est pas mon fort.

Une fois rangées les victuailles achetées au marché, ma fidèle petite esclave s'échappa de la cuisine et me rejoignit au gynécée.

– Petite maîtresse, séchez vos larmes ! me conseilla-t-elle excitée comme une puce.

– Parle, Lara ! Parle vite !

Bouillant d'impatience, je recouchai mon frère, rabattis une épaisse couverture sur lui et mis d'autorité un hochet dans sa main. Je jouerai avec lui plus tard, si j'en ai le temps, et l'envie.

– Je n'ai pas tout compris, mais, au marché, maître Cléandros a rencontré deux amis. Et alors là, ce n'est pas croyable ce qu'ils avaient à se dire. Ils n'arrêtaient pas de parler.

– Va à l'essentiel, Lara !

– Maître Cléandros n'avait pas l'air du tout mécontent de vous, plutôt contrarié à propos de textes à apprendre pour les Grandes Dionysies. Il les aura cet après-midi, qu'il a dit. Des textes de... vous savez ?... Je ne me souviens plus du nom.

– Eschyle ?

– Pas du tout, c'était un mot avec des « o ».

J'avais beau chercher, je ne voyais pas de qui elle pouvait parler. Depuis des années, mon père interprétait les tragédies d'Eschyle, notre plus grand poète. Serait-il obligé de travailler avec un autre auteur ? Et dans ce cas, avec qui ? Est-ce cela qui le contrarie au point de m'oublier ? En tout cas, une chose est certaine, cher Patrocle : s'il ne m'appelle pas, c'est qu'il n'a rien à apprendre, pas le premier mot de la première pièce ! Rien. Et il n'est pas fâché contre moi. Mon pauvre cœur chagriné se desserra aussitôt.

À LA NUIT TOMBÉE

*L*e jour finissait lorsque Lara m'annonça que mon père m'attendait. Le temps d'attraper mon voile de laine pour me protéger du froid et je descendis l'escalier quatre à quatre. Je traversai la cour aux colonnes sans traîner, une rude épreuve en hiver, et frappai à la porte de la grande salle. Le bruit du vent, le jappement lointain d'un chiot, je tentai de calmer ma respiration. Pourquoi m'étais-je précipitée ainsi, oubliant au gynécée ma tablette d'écolière et mon matériel pour écrire ?

– Entre ! cria mon père.

En quelques instants, il me résuma la situation. Je le savais déjà, mais je ne dis rien ! Il ne jouerait pas les tragédies d'Eschyle, mais celles d'un jeune poète inconnu, un certain Sophocle ! À peine eut-il prononcé ce nom que sa voix se brisa et il se mit à tousser. À la lumière des lampes à huile, je vis de la souffrance sur son visage. Allait-il pleurer ? Dans ce cas, je pleurerais avec lui. Comme sa déconvenue devait être grande ! Jouer les pièces d'Eschyle lui avait valu, deux fois déjà, de remporter le prix du meilleur acteur, et même lui, le plus formidable des acteurs, ne pourrait faire de miracle avec le texte d'un auteur médiocre dans le style de ce Sophocle. Quel malheur !

Pourtant, la quinte de toux passée, mon père se détendit. Il me semblait satisfait, presque heureux.

Je ne comprenais plus rien. Il passa la main dans ses cheveux épais et sombres, un peu trop longs sur la nuque, et me sourit :

– Pourquoi fais-tu une tête pareille, Cléo ?

J'avais beau chercher des paroles de consolation, seul le vent qui sifflait sous la porte troublait le silence.

– Allons, fillette ! Rien de grave, j'ai pris froid l'autre jour... Maintenant, je vais mieux grâce aux remèdes de Nysa et à sa fameuse potion au miel.

Ô dieux, que j'étais sotte ! Mon père ne s'inquiétait pas pour son travail, il ne m'oubliait pas, il était malade ! Quelle égoïste j'étais. Au lieu de penser à lui, je n'avais pensé qu'à moi... Moi, moi, moi ! Je n'étais pourtant ni le centre du monde, ni celui d'Athènes, ni celui de la maison, pas même celui du gynécée. Comme je me taisais toujours, il ajouta :

– Tu sais, je viens de recevoir la première partie du texte de Sophocle. À mon avis, sa tragédie *Antigone* est vraiment excellente.

Un bref toussotement, un reniflement de plaisir et il prit sur le coffre trois feuilles de papyrus, noircies d'une écriture fine et régulière.

– Voilà, je te les confie, Cléo, lis-les sans attendre. Nous commencerons les répétitions demain, si tu retrouves ta langue !

21e JOUR DU MOIS DE POSÉIDON

Les étoiles pâlissent dans le ciel et je travaille encore, excitée à l'idée de découvrir le début de cette nouvelle tragédie, mon cher Patrocle. Non seulement j'ai tout lu, mais j'en ai appris des passages par cœur pour étonner mon père ! Hier au soir, dans le gynécée endormi, j'ai approché de moi la lampe à huile, celle qui brûle jusqu'à l'aube pour chasser ma peur du noir. Puis, assise sur mon lit, ma couverture jetée sur les épaules, j'ai déchiffré le texte trois fois de suite. J'ai découvert la toute-puissance des mots qui, forts et vivants, m'allaient droit au cœur.

Je connaissais déjà le drame d'Antigone, mais jamais je n'aurais exprimé la douleur de cette jeune princesse de cette façon-là ! Au cours de ma lecture, je croyais l'entendre parler. J'avais envie de lui prendre la main, de la secourir. Je vivais son malheur et celui de sa sœur Ismène, toutes deux désespérées par la mort de leurs frères qui s'étaient entre-tués, à la porte de la ville ! Et ce n'était pas tout. L'un des princes aurait des funérailles, l'autre pas car il avait trahi sa patrie. Le roi de Thèbes en avait décidé ainsi, oubliant que les dieux attendent des hommes qu'ils mettent leurs morts au tombeau. Entre la décision d'un roi et la volonté des dieux, Antigone choisit d'obéir aux ordres divins, tandis qu'Ismène lui jurait qu'elle le voulait aussi, mais que la peur l'en empêchait.

– *Je me sens seulement incapable d'agir contre le gré de ma cité,* avouait-elle, vaincue.

J'avais crié ces mots au risque de réveiller mon frère et ma nourrice avec qui je partage la chambre du gynécée. Quelle idiote j'étais ! Je tendis l'oreille, affreusement inquiète. Salios s'agita dans son berceau, Nysa ronflait discrètement. Que les dieux en soient remerciés, tous deux dormaient encore.

PEU APRÈS LE LEVER DU SOLEIL

*E*nsorcelée par le texte de Sophocle, je le relus d'une traite une quatrième fois. Il me donnait à réfléchir. Comment accepter l'abandon du prince Polynice aux chiens et aux vautours ? Antigone avait-elle raison de braver l'interdiction royale au risque de sa vie ? Et pourquoi Ismène ne l'accompagnait-elle pas ? Malgré mon épaisse couverture, je frissonnais. J'imaginais mon père, l'excellent Cléandros, interprétant la princesse dans un théâtre plein à craquer, les spectateurs suspendus à ses lèvres, les tonnerres d'applaudissements... Non, ce ne serait pas lui ! Antigone étant le personnage principal de cette tragédie, l'auteur, ce jeune poète inconnu, jouerait ce rôle.

Lorsque Lara entra pour rallumer le brasero, je lisais encore. Seul le bruit étouffé des gouttes de pluie troublait le silence de l'aube.

❋

EN MILIEU DE MATINÉE

En général, mon père passe une bonne partie de la matinée sur l'Agora, mais aujourd'hui, pas du tout. De retour deux heures plus tard, il me fit appeler. Je ne m'y attendais pas et rien ne pouvait me faire plus plaisir.

– Alors ? me demanda-t-il se redressant sur son lit de repos.

– J'ai tout lu !

Un sourire en guise de félicitation.

– Je n'en attendais pas moins de toi, se réjouit-il. Sophocle ne jouant pas, il m'a confié le premier rôle.

– Mais, d'habitude, l'auteur...

– Cléo, je te prie de ne pas me couper la parole ! Ensuite, apprends, jeune fille, qu'en raison de la faiblesse de sa voix, ce jeune poète se cantonnera aux rôles muets, si rôles muets il y a. Peut-être sera-t-il un garde ?

Pour une nouveauté, c'en était une. Je n'en revenais pas. Mon père se leva et, faisant de grands gestes, m'ordonna de sa belle voix grave :

– Garde les feuilles de papyrus en main, et vérifie. Chaque mot que je prononce doit y être. Je ne peux me permettre la moindre erreur... Quand viendra la réplique du second acteur, lis-la. Compris, Cléo ?

J'avais compris, bien sûr. Et la répétition commença.

TROIS HEURES PLUS TARD

Le travail emporte le temps sans qu'on s'en aperçoive, c'est bien connu. Lorsque Lara apporta des fruits secs, du fromage de chèvre et des pains, je me rendis compte que j'avais affreusement faim.

– C'est assez pour le moment, Cléo ! décréta mon père, bâillant à s'en décrocher la mâchoire. Je te confierai la suite du texte à la fin du jour. Maintenant, laisse-moi. J'attends quelques amis.

Notre esclave présenta joliment les mets sur la table basse qu'elle plaça près de lui. Elle y ajouta une coupe de vin mêlé d'eau et lui demanda s'il désirait autre chose.

– File chercher des olives, du poisson séché, et vite ! exigea-t-il.

– Petite maîtresse, votre repas vous attend au gynécée, murmura-t-elle en passant près de moi.

Et elle disparut, gracieuse, courant sur ses pieds nus.

Par chance, comme les jours d'hiver sont courts, le soir arrivera vite et, avec lui, la suite d'*Antigone* que j'ai hâte de découvrir. En attendant, faute de mieux, j'ai repris mes activités habituelles. Furieuse de ma longue absence, Nysa m'a grondée sans véritable raison. Elle m'a rappelé que mon père était bien sot de me bourrer la tête de choses inutiles. Elle m'a précisé que ma mère le désapprouvait aussi, et que mon frère deviendrait acteur, lui, et moi pas. Chacun de ses mots m'a blessée cruellement.

– Une femme actrice ! Jamais les dieux ne permettront une telle horreur ! conclut-elle.

– Ne te fâche pas, nourrice ! Mon père réclame mon aide et tu sais bien qu'une fille lui doit obéissance.

– Bien sûr, bien sûr... Voilà qui t'arrange, ma belle ! Laisse ton tissage et occupe-toi plutôt de ton frère ! Crois-moi, Cléo, je m'en vais de ce pas dire à maître Cléandros ce que j'ai sur le cœur.

– Comme tu veux, mais tu vas le contrarier.

– Qu'importe ! Je l'ai vu naître. Je l'ai nourri, bercé, consolé, puni... et je le punirai encore s'il continue ainsi.

Sur ces mots, Nysa tourna les talons et sortit, claquant rageusement la porte du gynécée. Elle descendit l'escalier qui gémit sous le poids de son courroux.

Autant que tu le saches tout de suite, cher Patrocle, m'occuper de Salios n'est pas la pire des punitions. Il est le plus adorable des bébés : un visage rond comme une bille, de grands yeux sombres, des cheveux noirs et soyeux, tout courts ou bizarrement absents à l'arrière de la tête, ce qui, paraît-il, est normal. Notre vieille nourrice partie, je le pris dans les bras, il me sourit. J'agitai sa crécelle, il pleura. Je glissai dans son poing son hochet, il hurla. Alors, je décidai de lui raconter une belle histoire pour le calmer :

– Il y a très longtemps, du temps des malheurs d'Œdipe, la malédiction divine s'accomplit. Œdipe avait deux filles, Antigone et Ismène, et deux fils, Étéocle et Polynice.

Salios s'apaisa aussitôt. Pauvre Nysa, si elle m'entendait !

AU CŒUR DE LA NUIT

*E*n cette heure tardive, j'ignore pourquoi je n'ai pas reçu la suite d'*Antigone*. Mon père a-t-il changé d'avis, convaincu par l'abominable Nysa de m'élever en fille ? Devrai-je attendre les fêtes des Grandes Dionysies pour découvrir, en simple spectatrice, les tragédies de Sophocle, alors qu'elles sont là, dans ma propre maison, n'attendant qu'à être lues et déclamées ? Le sommeil me fuit. Seule, rejetée, perdue, mal aimée dans cette maison où tout n'est que cruauté et injustice, écrire me fait du bien. Je sais, mon cher Patrocle, j'exagère toujours tout. C'est mon côté actrice ! Un héritage de mon père.

– Tu es trop excessive, contrôle-toi ! me disait ma mère lorsque j'avais la chance de l'accompagner en visite chez sa mère, sa sœur ou une de ses nombreuses cousines.

Maintenant qu'elle est morte, je ne sors que les jours de fête. C'est vraiment dommage. La famille de ma mère ne m'a pas oubliée. Non, mais je n'ai pas l'âge d'aller la voir seule et elle n'a aucune raison de venir ici. Peut-être que Grand-Père s'intéressera à Salios puisque c'est un garçon ? Enfin, si mon père se remarie, je suivrai ma belle-mère où elle voudra quand elle voudra, et ce sera bien.

22E JOUR DU MOIS DE POSÉIDON

*L*e vent qui soufflait en rafales me réveilla aux premières lueurs de l'aube. Malgré le froid, je me levai et, nu-pieds pour ne réveiller personne, je me mis en quête d'une cachette pour toi, Patrocle mon ami. Nul ne doit te trouver. Surtout pas ma nourrice ! Bien sûr elle ne sait pas lire, mais elle se douterait de quelque chose.

Elle te laverait afin qu'on puisse te réutiliser – rien de plus facile que d'effacer de l'encre fraîche avec un linge humide – ou, pire encore, elle courrait te donner à mon père. Alors là, quelle catastrophe ce serait !

Après de multiples hésitations, j'ai décidé de te glisser derrière le coffre de bois où je range mes vêtements. Seule Lara le déplace pour balayer. Je la mettrai au courant et elle gardera mon secret.

Soulagée d'avoir résolu ce problème, je nouai ma ceinture et fis blouser ma longue tunique de lin par-dessus. Je me dépêchai d'ajouter une grande étoffe de laine sur mes épaules. Salios se mit à pleurer juste à ce moment-là. Thalie, l'esclave qui le nourrit, accourut et le prit dans ses bras pour lui donner le sein. Réveillée en sursaut, Nysa se recoiffait à la hâte quand Lara, en retard pour je ne sais quelle raison, entra en trombe dans le gynécée.

– De la part de maître Cléandros ! dit-elle en me remettant quelques feuillets.

PEU APRÈS MIDI

Lorsque mon père me fit appeler, je me demandais encore s'il était, oui ou non, satisfait de moi. Hier matin, il semblait content, mais aujourd'hui qu'en serait-il ? Il fallait absolument me rendre indispensable, être à la hauteur de ses attentes, mieux encore, le surprendre !

En dévalant l'escalier, Boulas, ma belette apprivoisée, me fit un croche-pied involontaire. Elle a la sale manie de se glisser au mauvais endroit au mauvais moment. Il est vrai qu'aujourd'hui je n'ai pas joué avec elle puisque j'étudiais *Antigone* ! Était-elle fâchée ? Probablement. Quoi qu'il en soit, je vacillai et me rattrapai de justesse à la rampe en étouffant un juron. Boulas s'immobilisa, fronça le museau en guise d'excuse. Puis elle sauta les dernières marches et disparut dans la cour aux colonnes, son terrain de chasse préféré.

23e JOUR DU MOIS DE POSÉIDON

Quel métier que celui d'acteur, passionnant et épuisant à la fois ! Hier, dès mon arrivée dans la grande salle, mon père m'invita à m'asseoir près de lui, sur un tabouret bas.

– Tu as de petits yeux, Cléo. Mal dormi ? As-tu tout lu ? Tout compris ?

Avant même que je puisse répondre, il poursuivait de sa voix profonde :

– Où en étions-nous ?... Ah, oui ! Au terme de leur discussion, les deux princesses se séparent. Ismène rentre au palais de Thèbes, Antigone sort de la cité pour enterrer son frère privé de sépulture. Alors, le chœur arrive... Tu me suis, Cléo ?

– Bien sûr.

– Imagine, ma fille, un chœur de quinze choreutes là, sur l'*orchestra*, aux pieds des spectateurs sagement assis sur les gradins. Car ils seront quinze, ainsi en a décidé Sophocle. Du jamais vu. Quelle innovation ! Le grand Eschyle se contente de douze... Mais quinze ? Est-ce une bonne idée ? Enfin, il en sera ainsi... Dans *Antigone*, les choreutes représentent les citoyens âgés de Thèbes, les conseillers du roi Créon. Ils chantent les malheurs du jour qui a vu Polynice prendre les armes contre son frère, contre sa patrie. Ils se réjouissent de la victoire de leur cité, mais pleurent leurs princes morts.

BIEN PLUS TARD

Jusqu'à hier, j'osais à peine mettre le ton en lisant ou récitant les tirades d'Ismène, mais aujourd'hui j'ai modulé ma voix et ajouté des gestes, d'abord timides, du bout des doigts, puis de la main. Finalement, j'ai levé les bras vers les dieux immortels ! Mon père me donnait la réplique sans faire de commentaire sur mon attitude. Les heures s'envolèrent, légères et douces, quand, soudain, il s'arrêta et, oubliant son rôle, me dit sur le ton de la confidence :

– Cléo, sois gentille et obéissante avec Nysa. Elle ne comprend rien aux plaisirs du théâtre, mais c'est la meilleure des femmes, crois-moi. Ne l'irrite pas. Puis-je compter sur toi ?

Il me tapota la joue et je promis de lui obéir en tout. Ainsi, notre vieille nourrice était venue se plaindre à mon père, mais elle avait échoué puisqu'il m'avait appelée pour une nouvelle répétition. Quel soulagement, et surtout quel bonheur que cette complicité nouvelle avec lui !

– Ce n'est pas le moment de rêver, Cléo ! se reprit-il, changeant de ton. Au travail ! Les deux princesses parties, le chœur chante les malheurs du jour quand le roi Créon entre sur scène et l'interrompt. Il lui rappelle ses décisions : un prince sera mis au tombeau avec tous les honneurs, et l'autre abandonné dans la honte. C'est alors qu'un garde arrive, hors d'haleine. Il annonce qu'un inconnu a enterré le traître en secret.

– Père, joueras-tu le rôle du garde ?

– Non, mademoiselle je veux tout savoir ! Je jouerai Antigone, le devin, la reine et un serviteur. C'est plus qu'assez, je crois. Le deuxième acteur sera Créon et le troisième Ismène, Hémon, un messager et ce garde essoufflé.

– Dommage pour toi, car ce garde me plaît. Il est amusant, insolent et se moque du roi. *« Misère !* lui dit-il sans crainte, *il est terrible, quand on se fait des idées, de ne s'en faire que de fausses. »*

– Tu connais le texte par cœur, ma fille ? Bravo.

La pointe de fierté que je perçus dans sa voix me mit le cœur en joie. Une nouvelle fois, il reprit l'ensemble du texte, répétant encore et encore le dialogue entre les sœurs. Que c'était beau ! J'avais les larmes aux yeux. Je l'aurais écouté pendant des heures si Nysa n'était venue me chercher.

24e JOUR DU MOIS DE POSÉIDON

*H*ier, à la fin de notre séance de travail, mon père m'a confié la suite de la pièce, une liasse épaisse d'une dizaine de feuilles de papyrus. C'est alors qu'il m'a demandé de le rejoindre désormais chaque jour à midi. Je devenais sa répétitrice régulière, officielle, du bonheur à l'état pur ! Il m'a aussi rappelé ma promesse : être gentille avec Nysa.

28e JOUR DU MOIS DE POSÉIDON

*P*atrocle mon ami, la nuit a été courte, mais bonne. J'ai dormi d'une traite, assommée de fatigue. Ce matin, je me suis installée devant mon métier à tisser dès mon réveil, les doigts agiles, les gestes sûrs, une chansonnette au bout des lèvres. Ensuite, sans protester, j'ai lavé Salios dans notre grande cuvette de terre cuite. Je l'ai aspergé d'eau à l'aide d'une éponge plus grosse que sa tête. Il riait, m'éclaboussait de ses mains, battait des pieds ! Grâce au brasero, il n'a pas eu froid. Je l'ai vite séché et serré dans des langes bien chauds. J'ai noué à son cou son cordon d'amulettes pour écarter le mauvais œil et la maladie. Puis, tous deux installés sur mon lit, je lui ai récité une fable d'Ésope et, baissant la voix, le début d'*Antigone*. Salios n'y comprenait rien, mais il m'a écoutée l'air grave et attentif.

L'APRÈS-MIDI

Quelle formidable répétition ! J'en suis encore toute remuée. Mon père, dont la mémoire est prodigieuse, connaissait son rôle sur le bout du doigt. Il campa une Antigone émouvante, moi une Ismène lamentable, mais il ne me fit aucun reproche. Au contraire, il multiplia conseils et encouragements. Puis il lut à toute allure les scènes où il ne jouait pas, pressé de travailler la suite. Il appréciait visiblement chaque jour davantage la tragédie de Sophocle et m'expliqua les nouveautés apportées par le poète, se les appropriant comme si elles étaient siennes.

– À la fin du premier épisode, m'expliqua-t-il fièrement, la coutume veut que le chœur chante et danse, une marche rythmée accompagnée de grands gestes… Mais ici, avec Sophocle, le chœur dialogue avec nous qui sommes sur scène ! Il chante et danse bien sûr, mais se comporte comme s'il était un acteur à quinze têtes et quinze voix.

Après un soupir de satisfaction, mon père reprit sa lecture et, tout à coup, il me rappela que rien n'était plus formateur qu'une petite dictée, surtout après une longue décade de repos. Pour une mauvaise surprise, c'en était une ! Je ne partageais pas du tout son point de vue car, de repos, je n'en avais pas eu. J'avais cédé aux moindres exigences de Nysa. J'avais beaucoup lu et appris de longs passages par cœur ! Cependant, c'est vrai, je n'avais pas subi de dictée depuis plus de dix jours, ce qui, entre nous, ne me manquait pas.

– Es-tu prête, Cléo ?

À peine avais-je installé ma tablette sur les genoux qu'il commença, d'abord lentement, puis plus rapidement. Il récita les premiers vers chantés par le chœur après le départ du roi Créon :

– *Il est bien des merveilles en ce monde… des merveilles… en ce monde…* Allons, allons, accélère, ma fille ! s'énerva-t-il. *Il est bien des merveilles en ce monde, il n'en est pas de plus grande… de plus grande… grande que l'homme. Il est l'être qui sait traverser la mer grise, à l'heure où souffle le vent du sud et ses orages, et qui va son chemin au milieu des abîmes...*

Il ne dictait plus, il déclamait à vive allure. Heureusement, je connaissais ce chant par cœur. J'aurais pu faire cette dictée toute seule.

29e JOUR DU MOIS DE POSÉIDON

J'ai brillamment réussi ma dictée hier, et pourtant elle était longue. Mes trois petites fautes de rien du tout m'ont valu les compliments paternels. Alors, puisque mon père est de si bonne humeur, je crois que je vais tenter le tout pour le tout et lui demander une permission extraordinaire. Pour ne rien te cacher, petit Patrocle, j'hésite encore un peu, rien qu'un peu, pas beaucoup... Je voudrais qu'il m'autorise à assister à une répétition au théâtre. Enfin, une ou deux... Nysa sera furieuse, tant pis. Courage, Cléo ! Qui n'ose rien n'a rien !

30e JOUR DU MOIS DE POSÉIDON

J'ai osé et maintenant, je m'en mords les doigts ! J'ai attendu la fin de la répétition pour parler à mon père de ma dernière lubie. Il m'a écoutée jusqu'au bout, sans m'interrompre, avant d'exploser de colère.

– Ah ! Misère ! hurla-t-il en roulant des yeux furieux. Puissent les dieux de l'Olympe mettre une miette de sagesse en ton cœur, mon enfant !

Il se servit une coupe de vin qu'il but d'un trait, me tournant résolument le dos comme s'il souhaitait m'oublier à jamais. Puis il fit volte-face et revint sur ses pas.

– Surtout, Cléo, tais-toi ! aboya-t-il.

Pauvre de moi ! Ne voyait-il pas que je n'étais plus en état de parler : terrifiée, les lèvres sèches et la gorge nouée ? Pourtant, il me renouvela l'ordre de garder le silence. Il s'assit, gémit, soupira. Il réfléchit longuement, le front dans la main. Quel serait mon sort ? Je craignais le pire. Tout à coup, il se leva et se mit à tourner en rond dans la pièce, comme un animal sauvage. Il me jetait parfois des coups d'œil obliques, d'une sévérité inouïe. Incapable de soutenir son regard, je baissais la tête, consternée. Si j'avais pu me glisser dans un trou de souris comme ma belette, je l'aurais fait. Allait-il me frapper ?

– Jamais, m'entends-tu, Cléo ? Jamais tu ne m'accompagneras aux répétitions. Une fille ! A-t-on jamais vu une fille fréquenter un théâtre en dehors des jours de fête ? Disparais de ma vue, remonte au gynécée et restes-y !

Un silence de mort succéda à ces mots, uniquement troublé par le bruit monotone de la pluie qui tombait depuis l'aube. J'étais désespérée, paralysée par la honte, la justice divine ou un poison violent, incapable de trouver la force de partir. J'y parvins cependant… Qu'avais-je fait ? La sottise de ma vie ! Je n'aurais jamais dû espérer l'accompagner au théâtre, encore moins le demander. À vouloir trop, j'avais tout perdu, sa confiance et son amour.

1er jour du mois d'Héra

J'ai pleuré toute la nuit et Nysa, qui sait toujours tout, ne m'a pas consolée. Pire, elle semblait ravie. Hier soir, seule Lara m'a témoigné un peu de gentillesse. Elle coiffa longuement et inutilement mes cheveux courts, puis m'aida à retrouver mon yo-yo de bois, le jeu idéal pour les enfants solitaires.

– Maître Cléandros a crié fort, murmura-t-elle à mon oreille, mais je l'ai vu au dîner aussi malheureux que vous. Sa colère ne durera pas. Je vous le jure, petite maîtresse.

4e jour du mois d'Héra

Depuis trois jours et trois nuits, Nysa me surveille. Pourquoi ? Croit-elle que je vais désobéir à mon père, moi, une citoyenne d'Athènes ? Fuir le gynécée ? Pour aller où ? Elle est vraiment trop sotte. Je ne vais certainement pas aggraver ma situation par une nouvelle stupidité. Désormais, douce et soumise, je fais ce qu'on attend de moi : je file la laine, je tisse, je m'occupe de mon frère, je me désespère et je m'ennuie... Ô dieux puissants de l'Olympe, quelle triste vie ! Tout à l'heure, j'ai joué aux osselets avec Lara et... j'ai perdu. J'avais la tête ailleurs. Quel malheur de naître fille !

6e JOUR DU MOIS D'HÉRA

Lara avait raison. Mon père n'est pas totalement fâché. Comment je l'ai su ? Patrocle, rien de plus simple : ce matin, il m'a fait porter le texte complet d'*Antigone* ! Désormais, et sans négliger mes activités habituelles de gentille fille, je lis, relis et apprends par cœur des tirades entières. Je pleure aussi, affolée par l'audace de la princesse qui enterra son frère malgré l'interdiction. Et comment ne pas être émue aux larmes en la découvrant, seule, face à la fureur du roi Créon ?

Depuis, je me trouve franchement ridicule de me plaindre. Mon père m'a sévèrement punie pour une histoire de théâtre. D'accord, mais c'est tout, et c'est peu. Antigone me montre la voie à suivre, une voie qui s'appelle piété, bravoure et force d'âme... Ô dieux, elle met sa vie en danger alors que je ne risque qu'un interminable exil dans le gynécée de ma propre maison. C'est vrai, je ne suis pas princesse comme elle, mais jeune citoyenne d'Athènes, pas trop bête et que l'on dit jolie, surtout mes grands yeux sombres ourlés de longs cils. Ma décision est prise : l'horrible pleurnicheuse que j'étais ce matin doit disparaître à jamais !

Non seulement Antigone me donne du courage, mais elle parle juste : un roi n'est pas un dieu, et les dieux exigent que les vivants enterrent leurs morts. Voilà pourquoi elle tient tête au tout-puissant Créon, mieux, elle le critique, se permettant de lui dire :

– *Je te parais sans doute agir comme une folle. Mais le fou pourrait bien être celui même qui me traite de folle.*

Loin de céder à la peur, elle lui prouve qu'il a tort, elle s'explique, se justifie lors d'un dialogue rapide. Une phrase pour Antigone, une pour Créon. Jamais je n'ai entendu ni lu une pièce si merveilleuse. Sophocle écrit comme on parle. Avec lui les mots rebondissent, telles des balles.

EN COUP DE VENT

– *Je suis de ceux qui aiment, non de ceux qui haïssent.*

J'en étais là de ma lecture, imprimant en mon cœur cette réplique d'Antigone, quand Salios se mit à s'agiter, lançant de petits cris plaintifs à intervalles réguliers. Nysa exigea que je m'en occupe, et s'en alla. Je pensais pouvoir écrire tout en le berçant, mais c'est trop difficile. Dommage. Je reprendrai plus tard.

❋

LE SOIR

À cause de Nysa, je n'ai presque pas pu lire de la journée. Je la déteste ! Et elle, me déteste-t-elle aussi ? Sûrement puisqu'elle invente à toute heure une nouvelle tâche à me confier, puis une autre, et une autre encore ! J'en avais fini avec le bébé, le tri des chitons et le rangement des paniers de laine, quand elle décida de vérifier l'état de notre réserve aux provisions. C'est une pièce minuscule, sombre et glacée, encombrée de poteries de toutes tailles, une pièce proche de la cuisine, adorée des souris et des rats. À croire qu'elle veut que je tombe malade.

– Cléo, toi qui adores écrire, accompagne-moi ! insista-t-elle. Puisque ton père t'a appris les mystères de l'écriture, autant que ça serve !

Elle ricana, découvrant des dents jaunies par l'âge ou la méchanceté. Je la suivis, traînant les pieds et maugréant à voix basse :

– Elle mériterait qu'un corbeau lui arrache le cœur d'un bon coup de bec, et le dévore !

Par chance, Nysa ne m'entendit pas.

7e JOUR DU MOIS D'HÉRA

Hier, pendant des heures, accroupie près d'un immense cratère ébréché dans lequel plus personne ne mêlera le vin et l'eau les jours de fête, je notai sous la dictée : cinq grandes jarres de grains de blé, six d'orge, deux d'huile d'olive et six de vin doux, trois amphores de raisins secs, une de figues, deux pots d'onguent parfumé... Le froid, l'ennui et l'épuisement engourdissaient peu à peu mes doigts. J'écrivais de plus en plus mal. Indifférente à mon malheur, l'infatigable Nysa continuait. Tout y passa ! Viandes et poissons fumés ou conservés dans la saumure, fromages, olives, pois chiches, fèves, lentilles, ail, oignons, miel, noix... Même les petits pots d'essence de fleurs furent enregistrés.

Si tu savais, cher Patrocle, à quel point je hais la réserve aux provisions et ma nourrice qui ne me laissera plus jamais une minute de répit ! Elle possède des trésors d'imagination pour « m'occuper », comme elle dit !

UN TOUT PETIT PEU PLUS TARD

*C*omme Lara accompagnait mon père sur l'Agora et que Nysa s'activait à la cuisine, je crus pouvoir reprendre ma lecture. Quelle sotte je fais ! Sous prétexte qu'elle devait nettoyer la grande salle, Thalie m'apporta un énorme plat de lentilles à trier tout en surveillant mon frère. J'étais seule pour la première fois depuis plusieurs jours. L'occasion rêvée pour sortir le morceau de porc volé, hier, dans la réserve aux provisions pour ma belette. Je le posai à mes pieds et attendis. Elle arriva vite, saisit la viande entre ses dents et partit la dévorer dans l'une de ses cachettes. Quelle ingratitude ! Elle aurait pu, au moins, me remercier d'un gentil coup de patte. Vraiment, personne ne m'aime, pas même ma belette.

APRÈS LES LENTILLES

*D*epuis que je suis punie, Lara monte rarement au gynécée. Elle travaille au rez-de-chaussée, va au marché ou chercher l'eau à la fontaine. Qui a eu la cruelle idée de me priver de sa compagnie, mon père ou Nysa ? Ma petite esclave me manque. J'aime bavarder avec elle, l'interroger sur ce qui se passe en ville et les drôles de gens qu'elle y rencontre. Parfois, nous jouons aux osselets ou lançons des coquilles de noix dans un vase posé à terre. À ce jeu-là, je gagne toujours !

8e JOUR DU MOIS D'HÉRA

Ce matin, je n'avais qu'une idée en tête : comment tuer le temps ? J'en avais assez de filer et de tisser comme la plus douce des jeunes filles de bonne famille. D'ailleurs, pourquoi obéir puisque j'étais seule au gynécée avec Salios étonnamment sage ? J'ai vite trouvé ! J'allais améliorer le style de mes grimaces et inventer de nouvelles mimiques, monstrueuses si possible.

Quel délice face à mon miroir de bronze que de me tordre les lèvres, d'arrondir mes yeux et de rider mon front ! Je ressemblais aux masques portés par certains acteurs les jours de fête, quand l'envie d'avoir un spectateur me prit. Je disposai aussitôt trois énormes coussins sur mon lit, y installai Salios, le seul spectateur possible, et continuai devant lui. Sans me quitter des yeux, mon petit frère multiplia sourires et bulles de salive, signe de profond contentement, comme après une tétée. S'il avait pu, il m'aurait applaudie mais son stupide hochet lui collait aux doigts autant que du sirop. J'ébouriffais mes cheveux pour ressembler à Alphito la croque-mitaine, la terreur des enfants désobéissants, quand Nysa arriva. Ses lèvres dangereusement pincées annonçaient un malheur. Je ne me trompais pas.

– Maître Cléandros exige que tu restes à la maison pendant la fête ! claironna-t-elle d'une voix réjouie.

Il ne pouvait rien m'arriver de pire. Demain, la fête des Lénéennes se déroulerait sans moi ! Pas de belle procession, de prières, de sacrifices aux dieux ni de représentations théâtrales pour la malheureuse Cléo... Tout Athènes s'amusera tandis que j'attendrai à la maison avec les esclaves, telle une esclave. Quelle injustice ! Même Salios y assistera dans les bras de Nysa ! Décidément, il est dur d'être fille.

10e JOUR DU MOIS D'HÉRA

Depuis quatre jours, je suis privée de lecture à cause de Nysa, de ses lentilles, de ses langes et autres bêtises. Depuis dix jours, mon père ne m'adresse plus la parole. Je le vois à l'aube, quelques instants, juste le temps de prier et de déposer nos offrandes sur l'autel familial. C'est tout.

Que penses-tu de ma nouvelle vie, Patrocle ? Moi, je la méprise, je la déteste, je la vomis. J'ai beau supplier les dieux de m'aider, ils gardent le silence.

11e JOUR DU MOIS D'HÉRA

Je me demande si ma vieille nourrice n'ajoute pas quelques gouttes d'une potion somnifère dans ma purée du soir, ou dans mon eau. Sinon comment expliquer que je dorme d'une traite sans me réveiller, moi qui adore lire la nuit ? La redoutable Nysa connaît les plantes qui soignent, mais aussi celles qui calment, qui endorment. Je n'ose pas demander à Lara de la surveiller... J'ai peur de passer pour folle.

12e JOUR DU MOIS D'HÉRA

Nysa m'épuise le jour. Nysa m'endort la nuit. Nysa triomphe ! Et je te jure qu'elle n'a pas le triomphe modeste, gentil Patrocle. Elle exhibe sa joie de voir son bon maître Cléandros redevenu « raisonnable » puisqu'il ne me donne plus de cours, ne me parle plus de théâtre et ne cède plus à mes « caprices », comme elle dit. Encore aujourd'hui, elle m'a répété sur un ton doucereux :

– C'est pour ton bien, Cléo. Tu vas t'habituer.

Discuter avec elle n'avançant à rien, j'ai hoché la tête d'avant en arrière, manière efficace et franchement mal élevée de dire : « Non ! »

– Avant son mariage, a-t-elle poursuivi en tapotant ma main, une jeune citoyenne doit vivre sous une stricte surveillance (la sienne évidemment depuis la mort de ma mère !), éviter de poser des questions, voir et entendre le moins de choses possibles. Suis ces conseils et tu feras une bonne épouse ! Tu comprends ?

Ah, oui alors ! Je la comprends très bien, mais refuse de vivoter ainsi.

14e JOUR DU MOIS D'HÉRA

Ô dieux, soyez remerciés ! La vie réserve bien des merveilles ! Ce matin, après avoir déposé des offrandes sur l'autel familial et achevé les prières, je posais le pied sur la première marche de l'escalier menant au gynécée, quand mon père me demanda de le suivre. Bonne ou mauvaise nouvelle ? Qu'allait-il m'annoncer ? Sitôt la porte de la grande salle refermée derrière nous, il me rappela qu'il fallait obéir aux rêves. Je l'approuvai d'un pâle sourire, trop étonnée pour parler.

– Les divinités s'adressent à nous pendant notre sommeil, Cléo ! Leurs messages doivent être pris au sérieux au même titre que ceux lus dans les entrailles d'un animal, le vol des oiseaux ou le bruit du vent dans le feuillage des chênes... Sais-tu cela ?

– Bien sûr.

J'avais retrouvé un mince filet de voix, certaine maintenant qu'il n'ajouterait pas une autre punition à mon exil.

– J'ai rêvé cette nuit, reprit-il visiblement troublé. Ce fut un songe étrange, obscur et clair à la fois.

Je saisissais mal ce qu'il me disait, mais me gardais bien de le lui dire.

– Redescends à midi pour nos répétitions ! m'ordonna-t-il. J'espère que tu as travaillé la tragédie de Sophocle au lieu de traînasser au gynécée ?

Mon cœur bondit joyeusement dans ma poitrine ! Et je n'étais pas au bout de mes surprises.

– J'accepte également, poursuivit mon père après un effroyable raclement de gorge, que tu m'accompagnes au théâtre, mais à une condition : personne ne doit te reconnaître ! Ma fille reste à la maison, un jeune garçon de ma famille, disons un neveu, m'accompagnera. Déguise-toi !

La foudre de Zeus tombant dans la pièce ne m'aurait pas plus surprise que ces simples phrases. Ma vie basculait dans le bonheur !

PEU AVANT MIDI

– Ne te réjouis pas trop, Cléo ! menaça Nysa ulcérée par la décision de mon père. Tu ignores tout des dangers de l'existence, moi je les connais.

Elle contenait mal sa colère. Son visage crispé se barra de rides profondes. Deux plis amers abaissèrent les coins de sa bouche et ses yeux noirs reflétèrent la férocité du sanglier.

– Maître Cléandros a probablement mal interprété son rêve, continua-t-elle. Sur mon conseil, il vient de partir consulter les prêtres et les devins. Eux seuls comprennent les messages divins sans se tromper.

– Nourrice, si tu veux me faire croire que tu es très méchante, tu n'y parviendras pas. Tu l'es un peu... pas trop, enfin pas toujours, et je ne te crains pas !

J'avais beau fanfaronner, Nysa avait réussi son coup. Je tremblais de la tête aux pieds à l'idée que mon père, ayant mal interprété son rêve, me renvoie dans ma prison dorée du premier étage. Je m'approchai du brasero et restai là, muette, mains tendues vers la chaleur, désespérée.

Combien de temps restai-je ainsi ? Impossible de le savoir, mais la lumière vive du soleil de midi approchait.

– Petite maîtresse, murmura Lara, entrée dans le gynécée aussi discrètement que ma belette. Petite maîtresse, dépêchez-vous de manger !

– Je n'ai pas faim. Laisse-moi tranquille.

– Prenez juste un morceau de brioche ou quelques fruits secs. Votre père vient de rentrer, il déjeune, lui, et vous attend à midi.

– Vrai ? Tu es sûre ? Il te l'a dit ?

Oubliant son statut d'esclave, je déposai un baiser sonore sur sa joue – ce qui la fit rougir – et m'installai sur mon lit. La tragédie de Sophocle dans une main, de la brioche dans l'autre, comblée, j'aimais le monde entier, même Nysa !

PLUS TARD LE SOIR

*G*râce à mon excellente mémoire héritée de mon père, je lui ai donné la réplique sans trop me tromper pendant près de quatre heures. La répétition fut longue, épuisante... formidable. C'est quand même plus intéressant de jouer une pièce de théâtre que de tisser, ranger des vêtements dans des coffres, veiller sur Salios ou trier des lentilles ! Pas vrai, Patrocle ?

– Ah, au fait, Cléo ! s'écria mon père alors que je m'apprêtais à regagner le gynécée, les devins ont confirmé l'interprétation de mon rêve. Tu peux donc venir au théâtre, mais discrètement.

Victoire !!! Mon exil a pris fin, mais me voici avec un énorme problème à résoudre car comment y aller « discrètement », comme il dit ? Avec quoi me déguiser en garçon ? Évidemment, Nysa ne m'aidera pas. Après le dîner, je l'ai entendue discuter avec son bon maître Cléandros dans la cour aux colonnes. Elle l'a traité de « mauvais père », de « citoyen indigne », de « vieux fou » !

– Les dieux ont parlé, ma bonne Nysa, a conclu mon père avec un calme digne des divinités de l'Olympe. Cléo assistera aux répétitions déguisée en garçon, que cela te plaise ou non. Dès qu'elle franchira la porte de cette maison, elle sera mon neveu et s'appellera... Ioulios !

La vieille nourrice jura qu'elle en mourrait. En attendant la mort, elle monta se coucher. Quand elle ouvrit la porte, je rabattis la couverture sur ma tête et fis semblant de dormir.

15e JOUR DU MOIS D'HÉRA

L'arrivée de Lara au gynécée interrompit ma lecture matinale à un moment palpitant : le roi Créon discutait avec Ismène, Antigone et le chœur. Pour sauver sa sœur, Ismène mentit, jurant au roi qu'elle avait enterré le traître avec Antigone. Mais, pour protéger sa cadette, cette dernière affirma qu'elle avait agi seule... Oh, les admirables princesses, un résumé de courage, de droiture et de fidélité ! Un roi, leur oncle de surcroît, resterait-il insensible à leurs discours ? Eh bien oui ! L'impitoyable Créon au cœur sec (à condition qu'il en ait un !) ordonna à ses gardes d'emmener ses prisonnières au palais. Quel sort leur réservait-il, la mort ? Le chœur se mit alors à chanter. Il annonça au roi l'arrivée de son fils, le prince Hémon, le fiancé d'Antigone. Je savourais chaque mot de la tragédie de Sophocle ! Une incroyable succession de phrases sensibles et bouleversantes... Mais pourquoi donc cette maudite Lara s'agitait-elle de si bon matin ? Non contente de me déranger, elle réveilla Nysa, Thalie, Salios et fit fuir ma belette qui s'amusait avec une balle égarée.

– Venez que je vous coiffe, petite maîtresse ! me proposa-t-elle, un curieux sourire flottant sur ses lèvres.

Qu'avait-elle en tête ? J'abandonnai Sophocle de mauvaise grâce.

– Voulez-vous que je les recoupe un peu ?

Je me cherchais une alliée, elle était là. Lara saurait me transformer en garçon.

– J'ai tout ce qu'il faut dans ce panier, ajouta-t-elle. Un chiton court, des agrafes métalliques pour l'attacher aux épaules, les vôtres sont trop féminines, petite maîtresse. J'ai aussi un long tissu de laine à draper en manteau et des demi-bottes lacées sur le devant.

En apercevant ces chaussures d'une si triste couleur, je regrettais déjà les miennes, d'un rouge ravissant. Être un garçon méritait bien quelques sacrifices. Indifférente à ce problème qui n'en était pas un, Lara passa à l'action. Grâce à elle, Cléo laissa la place à Ioulios en deux temps trois mouvements.

– Regardez-vous, me dit ma petite esclave, mon miroir à la main.

Je m'attendais à un choc. Ce fut le cas, Patrocle. Quelle émotion face à cet étrange reflet ! Ce n'était plus moi, mais un jeune inconnu au teint clair, aux cheveux sombres et courts, aux grands yeux noirs, volontaires, qui me fixaient. Pas le moindre bracelet aux poignets, pas d'élégantes fibules aux épaules. Je ne me reconnaissais plus. Salios sera-t-il ainsi quand il aura mon âge ? Probablement. D'après la nourrice, nous nous ressemblons comme deux gouttes d'eau !

TOUJOURS LE 15e JOUR DU MOIS D'HÉRA

Assise sur un tabouret, Nysa compta et recompta les langes de mon frère une heure durant. Elle refusait de me regarder déguisée en garçon. Puis elle rangea le gynécée. Allait-elle déplacer mon coffre et te découvrir, Patrocle ? Par chance, elle ne s'en approcha pas. Elle n'avait pas desserré les dents depuis l'aube, et soupirait à intervalles réguliers tandis que Lara m'apprenait à marcher de façon moins féminine. Des pas plus grands, la tête plus haute, le regard fier et conquérant... Pas facile d'imiter l'allure d'un futur citoyen !

– Quelle mascarade grotesque ! explosa-t-elle soudain. Cléo, oseras-tu vraiment sortir si court vêtue, montrant tes jambes et tes genoux aux passants ? Misère !

– J'aurai ce manteau, nourrice. Regarde comme il me va bien.

– Et tu iras tête nue ?

– Les garçons ne mettent pas de voile. Mais rassure-toi, Lara ne me quittera pas. À tout à l'heure, Nysa, il est midi, mon père m'attend dans la grande salle !

Là-dessus, je tournai les talons et dévalai l'escalier sans lui laisser le temps de répondre.

❋

16e JOUR DU MOIS D'HÉRA

*H*ier après-midi, mon père a été étonné par ma métamorphose ! Jamais il n'aurait cru que je réussirais si bien. Cependant, comme il n'est pas du genre expansif, l'effet de surprise passa vite. Il m'ordonna d'ôter mon manteau, totalement ridicule dans une maison selon lui, et, se prenant pour le roi Créon, il déclama sans plus attendre ces terribles paroles :

– Mon fils... va, repousse cette fille avec dégoût, et laisse-la aller chercher un époux dans les Enfers. Je l'ai prise en délit de rébellion...

Puisqu'il était Créon et le chœur (tenir deux rôles ne le gênait en rien, il en avait l'habitude), je serais le prince Hémon. J'affermis ma voix et durcis mon regard avant de répondre de mon mieux. Hélas, les mots si bien choisis par Sophocle n'eurent aucun effet. La douleur du fils n'ébranla pas le père. Créon ne céda pas. Il voulait la mort d'Antigone ! Il l'aurait.

– *Hémon, tu es l'esclave d'une femme : cesse donc de me fatiguer*, hurla le roi... *Garde, amène ici l'odieuse fille, pour qu'à l'instant, en sa présence, sous ses yeux, ici même, elle périsse devant son fiancé.*

Par je ne sais quel prodige, mon père donna à ces propos la force du tonnerre qui claque les soirs d'été. Il campait un roi Créon épouvantable de cruauté et me fit une telle impression que j'en perdis le fil du texte ! Troublée, je cherchai désespérément ma réplique, sans la trouver... C'était à moi de parler, moi, le prince Hémon.

– Cléo ! rugit-il. Reprends !

– *Est-ce faire métier de roi que de fouler aux pieds les honneurs dûs aux dieux ?...*

– *Il suffit, j'ai tout dit, tu n'épouseras pas cette femme vivante...*

– *Eh bien ! Elle mourra ; mais en mourant, elle en tuera un autre.*

J'avais vite réagi. Hélas, submergée d'émotion, je bafouillai lamentablement. À ma grande surprise, mon père me complimenta pour y avoir si bien mis du sentiment. Puis il me rappela que, demain, il m'attendrait au théâtre. Quel bonheur ! Dieux que je suis excitée ! Je ne pense pas réussir à fermer l'œil de la nuit.

17e JOUR DU MOIS D'HÉRA

Ô cher Patrocle, ce que j'ai vécu ces dernières heures est à peine croyable. Tout commença au début du jour. Parti dès l'aube après les prières quotidiennes devant l'autel de la famille, mon père m'ordonna de le rejoindre au théâtre une heure plus tard, avec Lara. Cette dernière connaissant parfaitement le chemin, je ne devais la quitter sous aucun prétexte.

Je m'habillai en garçon sous les remarques acerbes de Nysa qui, rappelant haut et fort sa désapprobation, refusait de participer à une horreur pareille. Salios, indifférent, me suivait des yeux. À quatre mois, rien ne l'étonnait ! Je lui chatouillai le menton en guise d'au revoir, rassurai une fois encore ma vieille nourrice et quittai le gynécée, le cœur brusquement serré. Lara m'attendait en bas de l'escalier, un panier à ses pieds. J'avais les mains moites malgré la fraîcheur du jour. En fait, j'avais affreusement peur. Peur de sortir dans la rue en dehors des jours de fête. Peur de ne pas être crédible en garçon.

– Allons-y, maître Ioulios, m'encouragea ma petite esclave.

APRÈS UNE PETITE PAUSE

*I*l était trop tard pour reculer. Rassemblant les miettes de courage qui me restaient, je traversai la cour et frappai trois fois du poing à la porte de la maison. À Athènes, où les portes s'ouvrent sur l'extérieur, on prévient toujours avant de sortir pour éviter de heurter un passant.

Que de lumière en ce beau jour d'hiver ! Un ciel clair, un air frais, un parfum d'interdit et de liberté, mais aussi de l'agitation, du bruit et de la poussière ! La démarche vive sur ses pieds nus, Lara filait dans les rues sinueuses qui s'élargissent ou se resserrent sans raison. Elle ne semblait pas surprise de ce qu'elle voyait, moi si. Nous croisions des citoyens affairés, des artisans pressés de livrer leurs marchandises, des esclaves fatigués ou des servantes portant avec élégance leurs amphores d'eau. C'était la vie, la vraie vie !

À intervalles réguliers, Lara vérifiait que je la suivais dans ce dédale de rues dont l'animation m'affolait et me plaisait en même temps. Il n'avait pas plu depuis trois jours. Pourtant de l'eau sale coulait sur le sol jonché de diverses immondices. Déversées nuit et jour par les milliers de portes des maisons athéniennes, ces eaux usagées transformaient la poussière en boue malodorante. Çà et là, des tas d'ordures moisissaient contre un mur, faisant le bonheur de chiens errants ou de rats grassouillets. Les odeurs infectes qui s'en dégageaient me soulevaient le cœur. Je détournai la tête, allongeai le pas, bloquai ma respiration un court instant... Mais ça n'avait pas d'importance ! Mon esprit enregistrait tant d'impressions nouvelles et mes yeux avaient tant à voir !

DANGER IMMINENT

Quand j'ai cru reconnaître le pas de Nysa dans l'escalier, je t'ai vite roulé, Patrocle, et caché sous la natte de roseaux qui me sert de matelas. J'ai mis mon oreiller par-dessus et attendu. Fausse alerte ! Lara est entrée. Je peux donc continuer à écrire en paix. Je me demande encore comment, ce matin, elle s'est orientée dans ces rues bordées de maisons si semblables avec leurs balcons en saillie et leurs portes de bois sombre. Pourtant, ce n'était pas ma première sortie, loin de là. J'accompagnais ma mère et assistais toujours aux grandes fêtes, des fêtes qui ne manquent pas à Athènes. Il y en a au moins une par mois ! Mais, ces jours-là, je ne risque pas de me perdre puisque tout le monde prend la même route pour participer à la procession en l'honneur des dieux. Et puis je suis avec mes parents ! Enfin, maintenant avec mon père.

Lara avançait d'un bon pas, son lourd panier sur la tête. Moi, je souffrais atrocement dans mes chaussures de garçon au cuir rêche. J'avais hâte d'arriver. Mais où était le théâtre ? Marchions-nous dans la bonne direction ? Quand le vent frais venu de la mer chassa les derniers nuages, l'Acropole apparut, en ruine sur sa colline inondée de soleil ! Sa vue me rassura. Nous n'étions pas perdues.

Tout en suivant le sentier qui serpentait au pied de la colline des dieux, je songeais à ce que m'avait raconté mon père l'été dernier, lors de la fête à la gloire d'Athéna, notre déesse. Il m'avait décrit dans ses moindres détails les temples qui se dressaient jadis sur l'Acropole. Des sanglots dans la voix, il avait évoqué la guerre, la prise de la ville par les Perses, leur brutalité, leurs pillages et leur joie lorsqu'ils avaient saccagé et détruit Athènes... C'était juste avant ma naissance. Puis il m'avait juré que tout serait reconstruit un jour, en plus beau, en plus grand !

Il a fallu m'interrompre encore pour faire plaisir à Nysa. La malheureuse, elle se fait vraiment du souci pour moi, pour ma réputation et pour mon avenir. A-t-elle raison ? Eh bien, tant mieux ! Si aucun homme ne m'épouse, je passerai ma vie chez mon père et j'y serai bien. Tout en réfléchissant à ma vie future, je repris mon tissage. Ce long tissu de laine me fera un nouveau manteau. Je grandis vite, l'hiver est loin d'être terminé et les nuits de printemps sont fraîches.

Je peux maintenant te raconter, Patrocle, la suite de ma journée. Aussi agile qu'une étoile filante dans le ciel d'été, Lara se faufila entre les passants. Elle dépassa les vestiges de l'escalier gigantesque menant à l'entrée principale de l'Acropole et évita les pierres sculptées jonchant par-ci par-là le sol, souvenirs terribles des malheurs de la guerre. Je la suivais comme son ombre, les pieds douloureux dans mes chaussures neuves.

– Nous arrivons, petite maî... maître Ioulios ! se reprit-elle en m'adressant un sourire complice.

Jamais je n'étais venue au théâtre en dehors de l'invraisemblable cohue des jours de fête. Ce matin, un vide désagréablement silencieux m'y accueillit. Un corbeau trop noir sautillait sur un lointain gradin. Là-bas, une poignée d'hommes discutaient. Aménagé en plein air sur le flanc de l'Acropole, le théâtre du divin Dionysos me sembla gigantesque, menaçant. Pourtant, rien n'avait changé. Mes semelles crissaient à chaque pas sur le sol nu. Un gros rat détala à mon approche. J'avançai, craintive, sur l'*orchestra*, l'aire de terre battue en forme de trapèze, où évolue toujours le chœur. En son centre se dressait l'autel du dieu, les gradins des spectateurs s'étageaient sur trois côtés et la *skènè*, la scène, simple bâtiment en bois à toit plat, fermait le quatrième. Mon père était là. Il me tournait le dos, mais sa présence m'apaisa en un instant.

En habituée, Lara dépassa les beaux sièges de pierre placés au centre du premier rang, tous réservés aux prêtres et aux magistrats de la ville, et s'assit à l'extrémité du deuxième gradin, son panier à ses pieds. À peine l'avais-je rejointe que la répétition commença. Les trois acteurs montèrent sur l'estrade collée à la *skènè*, et les quinze choreutes se regroupèrent sur l'*orchestra*. Un homme à l'œil vif, probablement Sophocle, leur fit un signe de tête et une voix grave, profonde, rassurante entre toutes, une voix que j'aimais, brisa le silence :

– *Pouvais-je cependant gagner plus noble gloire que celle d'avoir mis mon frère au tombeau ?*

Mon père déclamait. Il était Antigone.

AU LIEU DE DORMIR

*D*étestable Nysa ! Comme je lis dès que j'ai un moment tranquille, elle invente tout ce qu'elle peut pour m'en empêcher. Et, crois-moi, Patrocle, à ce jeu-là, elle est très forte. Elle m'aboie des ordres brefs et attend, bras croisés, que je cède à sa dernière exigence. Pour mon malheur, Nysa fait la loi au gynécée où mon père ne met jamais les pieds ! Nul ne peut échapper à son emprise. Je dois lui obéir à chaque instant... Tant pis, je ne dormirai plus. Je passerai mes nuits à lire *Antigone* ou à écrire, et mes jours au théâtre, en répétition ou à agir comme la plus docile des filles pour satisfaire Nysa !

À L'AUBE DU 18e JOUR DU MOIS D'HÉRA

*H*ier, personne ne fit attention à moi au théâtre. Quelques esclaves étaient là, comme Lara, tenant à la disposition de leurs maîtres à boire et à manger. J'étais franchement déçue de tant d'indifférence, mais ravie de voir et d'écouter les acteurs en plein travail. Que faisaient-ils ? Ils donnaient vie à Antigone, Ismène ou

Créon. Ils souffraient avec eux et m'entraînaient dans cette histoire vieille de plusieurs siècles. Mon père surtout se révéla extraordinaire. Avec ses cheveux épais et noirs comme les plumes des corbeaux, son visage rude et barbu, ses paupières tombantes et ses premières rides, il se métamorphosa en princesse fragile, émouvante, courageuse, fidèle à sa famille et aux dieux. Il était Antigone, même sans utiliser un masque de femme ! Il en porterait un, bien sûr, pendant la représentation des Grandes Dionysies. Sa voix grave palpitait, vibrait, emplissait tout l'espace jusqu'au dernier gradin, là-haut. Quand l'aulète à la longue flûte double se mit à jouer et le chœur à chanter, mon cœur éclata dans ma poitrine. Lara somnolait.

27ᴱ JOUR DU MOIS D'HÉRA

*D*ix jours se sont écoulés sans que je trouve un instant pour toi, cher Patrocle. Je t'ai laissé prendre la poussière, coincé derrière mon coffre, et j'en suis désolée. Pardonne-moi, comprends-moi. Les heures s'envolent à une vitesse folle. Désagréable, tel Cerbère le chien des Enfers, Nysa m'accable de travaux divers. Elle ne me parle pas, elle ordonne ! Heureusement, avec mon père, tout va bien. Un matin sur trois, car Eschyle et Polifrasmone préparent eux aussi leurs spectacles au théâtre, je l'y rejoins déguisée en garçon. L'après-midi, je répète avec lui *Antigone* ou l'une de ses trois autres tragédies. Mais je préfère de loin la première, la plus longue et la plus belle.

❋

28e JOUR DU MOIS D'HÉRA

Quelle effervescence aujourd'hui à la maison ! Ce soir, mon père donne un banquet. Presque tous ses invités appartiennent au monde du théâtre, sauf Métion son ami d'enfance. Ce dernier, aujourd'hui haut magistrat d'Athènes, est toujours de bonne humeur. La voix sonore de cet amateur de farces et d'histoires drôles s'entend jusqu'au gynécée et son rire fait trembler les murs. J'écoute souvent ce qu'il raconte, assise sur la plus haute marche de l'escalier. En tant que fille, je ne peux assister à la fête, pas même quelques instants. Seules les femmes esclaves y sont admises, pour les servir. Et là, pas question d'apparaître déguisée en garçon ! Jamais mon père ne l'accepterait. Il demanderait plutôt à Nysa de me bâillonner et de me ficeler sur mon lit.

29ᵉ JOUR DU MOIS D'HÉRA

*E*n chemin pour le théâtre, Lara m'a tout raconté de la soirée. Malgré son visage marqué par sa nuit trop courte, son pas lent et sa voix fatiguée, je l'ai harcelée de questions. Quelle déception ! En fait, il ne s'est rien passé d'extraordinaire hier au soir. Les joyeux convives ont beaucoup bu, beaucoup mangé, ils ont égrené de vieux souvenirs, parlé politique, joué de la lyre, chanté et déclamé des tirades entières.

– Sophocle était là, un bel homme, très gentil, même avec moi, a curieusement précisé ma petite esclave.

Je le savais déjà puisque je le vois au théâtre. Toujours habillé avec élégance, Sophocle est aimable, calme, respectueux des dieux et attentif aux autres. Il ne s'emporte jamais, explique, conseille, exige parfois, ne laisse rien au hasard. Il dirige ses acteurs qui vont et viennent sur l'estrade : quels gestes faire, comment marcher, vite ou lentement, où se diriger, sur la droite ou sur la gauche... Il discute souvent avec l'aulète. Alors qu'il a à peine trente ans, aussi doué avec les sons qu'avec les mots, Sophocle joue parfois lui-même de la flûte. Gonfler ses joues l'enlaidit alors, mais il s'en moque. Visiblement, il adore la musique.

2e JOUR DU MOIS DE DIONYSOS

Toujours d'humeur égale, mon petit frère multiplie sourires et babillages quand il me voit. Je crois qu'il me préfère à toutes les habitantes du gynécée. Patrocle, imagine sa peur quand la grosse tête bougonne de Nysa se penche vers lui. Ne ressemble-t-elle pas à l'épouvantable Alphito, ou à Mormô la terreur des enfants désobéissants ? La douce Thalie ne devrait pas l'effrayer, Lara non plus... Pourtant, il m'aime plus qu'elles toutes. Sûrement parce que je suis sa sœur !

Pour remercier Salios de son amour, je lui ai organisé un concert. J'ai chanté, dansé, agité des crécelles. Il était ravi et j'ai lu dans ses yeux qu'il aimerait m'imiter... Pauvre petit chou, il lui faudra attendre. Pour le moment, il agite ses doigts n'importe comment. Les prend-il pour des jouets indépendants de son corps, qui apparaissent ou disparaissent comme son hochet ? Difficile de savoir ce qui se passe derrière cette jolie frimousse.

4e JOUR DU MOIS DE DIONYSOS

Les jours passent et Nysa considère toujours que j'agis comme une folle. Ça m'est égal, je suis heureuse. Ma première goutte de bonheur m'attendait ce matin au réveil. Un soleil déjà chaud dans un ciel d'un bleu limpide annonçait les derniers jours de l'hiver et le retour des hirondelles. La seconde fut de répéter avec mon père tout l'après-midi.

Nous avons attaqué le cœur de la tragédie. Quel moment terrible ! Cela m'a beaucoup coûté, mais j'ai prêté ma voix au cruel Créon. Soucieux, le chœur demanda au roi s'il songeait vraiment à tuer les deux sœurs. Mes jambes tremblaient lorsque je répondis pour lui qu'il épargnerait Ismène qui n'avait pas touché au cadavre, mais que, pour Antigone, il ne céderait pas.

– *Et quelle mort veux-tu lui infliger ?* s'inquiéta le chœur par la voix de mon père.

– *Je la mènerai en un lieu délaissé par les pas des hommes, et l'enfermerai toute vive au fond d'un souterrain creusé dans le rocher, ne laissant à sa portée que ce qu'il faut de nourriture pour être sans reproche...*

En prononçant cet arrêt de mort pour ma princesse, mon héroïne, mon Antigone, j'éclatai en sanglots. Elle serait donc enterrée vivante ! Mon père me réprimanda aussitôt.

– Aucun acteur digne de ce nom ne se laisse emporter par ses sentiments, me dit-il, impitoyable. Il pleure seulement lorsque son personnage pleure. Il se dédouble ! Il joue !

Puis, visiblement déçu, il m'ordonna de poursuivre. Facile pour lui, comédien chevronné, le meilleur d'Athènes, à qui Sophocle avait confié les beaux rôles d'Antigone et de Tirésias le devin, de me gronder ainsi. Ravalant mes larmes, je redressai la tête, avançai d'un pas et repris mon texte là où je m'étais arrêtée. Bien sûr, mon père avait raison.

APRÈS LE DÎNER

Cette fois, ce n'est pas Nysa qui interrompit mon récit, fidèle Patrocle, mais ma belette qui, par je ne sais quel hasard, avait retrouvé la balle de tissu égarée depuis un mois. Elle me l'a apportée, triomphalement, m'expliquant à coups de pattes énergiques qu'elle voulait jouer avec moi. Je lui ai obéi.

Mais revenons à la répétition. À peine avais-je, tant bien que mal, essuyé mes yeux et retrouvé mes esprits qu'il me fallut attaquer une nouvelle scène. Celle où Antigone sortait du palais, bousculée par les gardes royaux. Désespérée et digne, elle s'interrogeait, parlait au chœur ou, peut-être, aux spectateurs :

– *Voyez-moi, citoyens du pays de mes pères, suivre ici mon dernier chemin. Voyez-moi donner un dernier regard à l'éclat du soleil. Puis tout sera fini...*

Mon père déclamait si bien que j'en eus la chair de poule. Je me sentais épuisée. Heureusement, le travail s'arrêta là. La longue scène entre Créon et Antigone était remise à demain. Je jouerais encore le roi, j'avais donc intérêt à prendre des forces.

5e JOUR DU MOIS DE DIONYSOS

Peu après la reprise du travail, le chorège tout-puissant arriva au théâtre, à petits pas, comme marchent les vieilles gens. Ce richissime citoyen d'Athènes est chargé par la cité de financer le spectacle de Sophocle. Il paie les acteurs, les choreutes, les aulètes, leurs costumes, leurs masques, leur nourriture et tout et tout, sauf l'auteur... Escorté par trois esclaves ployant sous de lourds paniers, le chorège, d'un élégant geste de la main, fit signe aux acteurs de poursuivre. Il s'assit sur un siège de pierre, vite rendu confortable par d'épais coussins, et posa sa canne près de lui. Sophocle salua respectueusement le visiteur. L'aulète, ému ou impressionné, lâcha un couac sonore qui résonna de gradin en gradin. Quant à moi, terrifiée à l'idée qu'il me remarque et me questionne, j'imaginais des réponses embarrassées... Par chance, le chorège n'avait d'yeux que pour le spectacle!

Sur l'estrade collée à la *skènè*, le roi Créon refusait toujours d'enterrer le prince Polynice et voulait punir de mort celle qui lui avait désobéi. Il refusait de suivre les conseils du devin Tirésias, magnifiquement campé par mon père.

– Merci, c'est tout pour aujourd'hui ! annonça Sophocle.

Enchanté par ce qu'il venait d'entendre et de voir, le chorège offrit des gâteaux et du vin à tout le monde, sauf aux esclaves évidemment. Ma situation devenant inconfortable, voire risquée, j'en profitai pour m'éclipser avec Lara.

6e JOUR DU MOIS DE DIONYSOS

J'y ai pensé toute la nuit. Quelle bonne idée ce serait si mon père se remariait ! Pas tout de suite, bien sûr, mais l'hiver prochain, au mois d'Héra, le mois consacré à la divine épouse de Zeus, déesse de la famille et des mariages. Je sortirais parfois avec ma belle-mère, l'accompagnerais chez ses amies. Sa compagnie me serait plus agréable que celle de Nysa. Je ne pense pas pouvoir connaître pire ! Et du coup, la vieille nourrice ne dirigerait plus le gynécée en tyran. Elle obéirait, comme moi, à la nouvelle maîtresse de maison.

8e JOUR DU MOIS DE DIONYSOS

Ce matin, j'étais en retard. Arrivé au théâtre avant moi, le chorège assistait à la répétition avec costumes et masques, ainsi qu'il l'avait exigé. Le menton posé sur ses mains crispées au pommeau de sa canne, le vieil homme semblait envoûté par le texte. Il est vrai que, jouée ainsi, la tragédie d'*Antigone* transportait incontestablement son auditoire dans l'ancienne et lointaine Thèbes. Difficilement reconnaissable même par moi, sa fille, mon père portait un long chiton flamboyant aux manches frôlant ses poignets. Son visage disparaissait derrière un masque de jeune fille maintenu à l'arrière par un lacet. Sur ce moulage de chiffons stuqués peints en blanc (la couleur utilisée pour les femmes), les traits du visage d'Antigone étaient tracés au pinceau. Surdimensionnés par rapport à la réalité, les trous à l'emplacement des yeux et de la bouche produisaient un effet saisissant.

Ravi par les tenues des acteurs comme par celles des choreutes ou de l'aulète, le chorège ne regrettait pas sa dépense et proposa davantage à Sophocle s'il le jugeait bon. Rien de plus naturel, puisqu'il gagnerait honneurs et gloire si « son » poète l'emportait !

10e JOUR DU MOIS DE DIONYSOS

Demain, Athènes célébrera la fête des Anthestéries plus qu'un mois avant les Grandes Dionysies, et ma vie n'est pas toujours facile. Mon père s'énerve pour un rien et Nysa boude. Par chance, le temps se réchauffe, Boulas me distrait avec ses galipettes et Salios m'enchante par ses sourires. Sait-il que je suis sa sœur ou me prend-il pour notre mère ? Peu importe. Je me sens responsable de sa bonne éducation tant qu'il vit au gynécée... J'en étais là de mes réflexions, cher Patrocle, quand je décidai d'agir. Le soir tombait, j'aurais dû bercer Salios, l'endormir, mais je le pris dans mes bras pour lui réciter ma fable d'Ésope préférée, celle du loup qui a un os coincé dans la gorge. À sa demande, un héron soulage le redoutable animal et réclame une récompense en échange du service rendu. Mais le loup lui rappelle que retirer sa tête d'oiseau saine et sauve de la gueule d'un loup est une bien belle récompense et qu'il devra s'en contenter.

J'achevais ma récitation lorsqu'une main d'une douceur extrême me fit tressaillir et caressa mes cheveux. Un baiser claqua sur ma joue. C'était Nysa, tout émue, qui me félicitait de si bien m'occuper de mon frère.

– Tu es une brave petite, murmura-t-elle en nous serrant tous deux contre son cœur.

– Alors, tu n'es plus fâchée ?

– Mais non, petite Cléo, tu n'es pas responsable des folies de ton père ! *Le Loup et le Héron*, t'en souviens-tu ? C'était la fable préférée de ta pauvre maman... Allons, couche-toi, vite, demain tu dois être en forme pour la fête ! Et cette fois, pas de punition.

13e JOUR DU MOIS DE DIONYSOS

Adieu obligations diverses et variées, je viens de vivre trois longues et belles journées de fête !

Avant-hier matin, perdus dans une foule bavarde, insouciante et joyeuse, mon père, Nysa portant mon frère dans les bras et moi marchions d'un bon pas pour gagner le sanctuaire de Dionysos situé hors d'Athènes. Une fameuse promenade ! Tout au long du chemin, Nysa était intarissable, à croire qu'elle espérait raconter en une heure tout ce qu'elle avait tu lorsqu'elle boudait. Ah ! Patrocle, si tu savais comme je l'aime lorsqu'elle est ainsi ! Dès notre arrivée au sanctuaire, les conversations cessèrent. Sous le doux soleil de midi commencèrent alors les prières, les offrandes et l'ouverture des jarres contenant le vin nouveau produit l'automne dernier. Les prêtres en offrirent au dieu. Puis les hommes y goûtèrent, et l'apprécièrent à tel point qu'ils en burent encore et encore... J'ignore ce qui se passa ensuite car, comme tous les enfants, je fus priée de rentrer à la maison.

Hier, l'ambiance fut toute différente près du divin sanctuaire puisque la fête est consacrée aux plus jeunes. Dans la plus parfaite indifférence, Salios reçut en cadeau une cruche noir et rouge, pas plus grosse que sa tête. Il est trop petit pour l'utiliser, mais bientôt je lui apprendrai à boire au goulot. Évidemment, je n'assistai ni aux cérémonies religieuses secrètes, ni aux concours de buveurs de vin suivis, dit-on, de farces grossières. Mon père ne se vante jamais de remporter ce genre de compétition ! Je me demande ce qu'il y fait.

Aujourd'hui, en ce troisième jour de fête, les âmes des morts quittèrent pour quelques heures l'obscurité des Enfers. Elles revinrent parmi nous, flânant de-ci de-là. Mes yeux ne purent les voir, mais je sentis leur présence. Ma mère était-elle avec eux ? M'a-t-elle vue ? A-t-elle joué dans mes cheveux ou était-ce le vent ? Un instant, je crus reconnaître sa voix, un murmure à peine audible... Le roi Créon vagabondait-il, lui aussi ? Rien que d'y penser, j'en frissonne encore, cher Patrocle. Heureusement, avant la tombée du jour, les dernières offrandes au dieu Hermès achevées, les âmes mortes regagnèrent l'au-delà. Mon père m'a juré qu'elles repartaient toujours, toutes, et ordonné de dormir tranquille.

15ᵉ JOUR DU MOIS DE DIONYSOS

La porte du gynécée étant restée ouverte, j'ai entendu Nysa et Lara chanter dans la cuisine toute la matinée ! Comme elles me semblaient joyeuses ! Esclaves, elles acceptent leur sort – bien pire que le mien –, je dois les imiter. N'est-ce pas la voie de la sagesse ? C'est donc décidé, je ne me plaindrai plus... Je sais, Patrocle, je te l'ai déjà promis. Mais cette fois, je tiendrai parole et chasserai la jalousie qui me tarabuste... même si elle est parfaitement justifiée. Eh oui ! Justifiée car, plus tard, Salios aura tous les droits puisqu'il est né garçon, moi pas. Il pourra sortir, étudier avec de bons maîtres, faire du sport au gymnase, flâner sur l'Agora avec notre père ou assister à des banquets formidables. Il participera à l'Assemblée des Citoyens, discutera, votera, décidera du sort d'Athènes, et... sera acteur ! En tant que fille, je ne connaîtrai aucun de ces bonheurs, j'espère en vivre d'autres.

Ainsi en ont décidé nos dieux tout-puissants !

TOUJOURS LE 15ᵉ JOUR DU MOIS DE DIONYSOS

Depuis des jours et des jours, Nysa éloignait Lara du gynécée sans que je comprenne pourquoi. Aujourd'hui, je sais. Il y a moins d'une heure, ma bonne vieille nourrice est venue filer la laine près de moi. Elle m'a parlé de l'arrivée du printemps et des belles soirées que nous passerions sur la terrasse de la maison. Puis, prenant son air de femme bourrue au cœur d'or, elle a ajouté :

– Cléo, je t'ai entendue donner la réplique à maître Cléandros...

La surprise était de taille. Nysa disait détester le théâtre et les acteurs, des gens à la fierté arrogante, sauf mon père qu'elle adore et pare de toutes les qualités.

– Tu nous épies ?

– Pas du tout, et ne me coupe pas la parole, je te prie, ma petite. Donc, je passais par hasard près de la grande salle quand je vous ai entendus et... je tiens à te féliciter : tu joues très bien.

– C'est vrai ? Tu ne dis pas ça pour me faire plaisir, Nysa ?

– Pas du tout ! Mensonges et flatteries, ce n'est pas mon genre, tu le sais. Bien que tu sois une fille, tu as le sens des mots comme ton père et une intelligence fine digne d'une citoyenne d'Athènes. D'ailleurs...

Ce « d'ailleurs » n'augurait rien de bon.

– D'ailleurs, répéta-t-elle entourant mes épaules d'un bras protecteur, tu dois songer que Lara, même si elle a ton âge, n'est pas une amie et ne le sera jamais ! Mets-toi bien ça dans la tête. Une esclave est une esclave, et une nourrice une nourrice. Vos chuchotements, vos rires et vos échappées au théâtre me mettent mal à l'aise. Reste à ta place et Lara à la sienne. Plus tard, tu devras diriger une maison et te faire obéir, y compris par elle ou une autre du même genre.

LES ENNUIS DU 17^E JOUR DU MOIS DE DIONYSOS

Cher Patrocle, ce qui m'est arrivé ce matin est vraiment incroyable ! Assise sur mon gradin de bois près de Lara et de son panier, j'attendis un long moment que la répétition commence. Au lieu de se mettre au travail, auteur, acteurs, choreutes et aulète discutaient sur l'*orchestra*, les voix graves et l'air soucieux. Je tendis l'oreille. Les mots « catastrophe », « épouvantable », « malchance » revenaient sans cesse dans leur conversation. Que se passait-il donc ?

– Il faut trouver une solution, se lamentait Sophocle dont les grands bras brassaient l'air inutilement... Il faut poursuivre avec ou sans lui.

– Je pense pouvoir résoudre notre problème, proposa finalement mon père en me lançant un coup d'œil complice.

Complice de quoi ? Je l'ignorais.

– Philémon est malade ? poursuivit-il. Eh bien, pas de souci, mes amis, mon neveu Ioulios, ce passionné de théâtre, assiste à nos répétitions avec assiduité.

Il peut remplacer notre troisième acteur un jour ou deux. Tenez, justement, il est là... Qu'en pensez-vous ?

Moi, monter sur scène ? Mon père était devenu fou ! Une brusque bouffée d'angoisse me submergea, vite chassée par une bouffée de bonheur. Cœur battant, mains glacées et joues en feu, j'attendis la réponse du poète. Il allait refuser, c'était certain. Mais, s'il acceptait, que se passerait-il ? Ô dieux, mes rêves les plus fous se concrétiseraient-ils ? En proie à l'envie irrésistible de monter sur scène mêlée à une panique totale, j'hésitai : rester ou fuir ?

– Parfait ! s'exclama Sophocle sourire aux lèvres. Tout le monde en place... Par ici, petit ! ajouta-t-il en se tournant vers moi.

APRÈS LE BAIN DE SALIOS

Baigner mon petit frère est toujours un plaisir. Mais là, j'avais envie de te raconter la suite de ma journée, Patrocle, pas de jouer avec une éponge au risque de finir trempée de la tête aux pieds. De peur de me faire gronder par Nysa, je l'ai vite lavé, et vite recouché. Par chance, mon mignon bébé s'est endormi. Assise près de son berceau, je reprends enfin mon récit.

Ce matin, au théâtre, tandis que, le souffle court, je montais sur l'estrade par la petite échelle placée sur le côté, mille questions se bousculaient dans ma tête. Qu'allait-il m'arriver ? Qui remarquerait le premier que je n'étais qu'une fille ? L'humiliation m'anéantirait-elle ? De là-haut, la vue des gradins déserts me tranquillisa. Au fond, je ne me couvrirais de honte que devant un chien famélique et une poignée d'esclaves somnolents. Mais non ! La catastrophe était inévitable. Oh ! Comme je redoutais la honte des remarques acerbes de Sophocle, les rires des choreutes, les soupirs de l'aulète, l'impatience du deuxième acteur et... et surtout mon père que je m'apprêtais à ridiculiser ! Il ne méritait pas ça.

– Ô Zeus ! Que la foudre du ciel me transperce, me brûle, me réduise en cendres ! murmurai-je.

J'attendis, terrorisée.

J'espérais un claquement de tonnerre, un éclair zébrant le ciel, un aigle déchirant les nuages, tournoyant dans le ciel avant de fondre sur moi pour me prendre dans ses serres et m'emmener loin d'ici. Il n'en fut rien. Même le grand dieu m'abandonnait.

À trois pas de moi, inconscient du drame qui couvait, mon père gardait son calme. Une lueur amusée dansait au fond de ses yeux. Un peu plus loin, Lara me lançait de timides signes d'encouragement. Je me pris à regretter la tranquillité de mon gynécée, mon métier à tisser, mon frère, ma belette et même Nysa... Soudain, venue de je ne sais où, une bouffée de courage domina mon angoisse. Ils allaient voir ce qu'ils allaient voir, et comprendre de quoi une fille était capable ! Du cran, Cléo, du cran ! À l'instant, mon esprit en ébullition se récita les premiers vers d'*Antigone*. Reprenant le rôle du troisième acteur, je jouerais Ismène, mais aussi le garde qui me plaisait tant, le prince Hémon et un messager. Je connaissais par cœur ce qu'ils avaient à dire et l'envie de me surpasser bouillonnait en moi. Je ne décevrais ni mon père, ni Sophocle.

– Alors, Ioulios, montre-nous ce que tu sais faire ! m'encouragea le poète aux yeux sombres comme la plus noire des nuits d'hiver.

De près, il me sembla moins jeune, mais sa voix m'enveloppa d'une bienveillance mêlée de reconnaissance.

– *Tu es mon sang, ma sœur, Ismène...* commença mon père.

Serrant les dents, j'avançais vers lui. Le vent fit voler mon chiton bien trop haut et dévoila mes cuisses. Nysa avait raison quand elle me serinait :

– Pauvre sotte, ton déguisement ne trompera personne et ton manque de muscles te démasquera !

Et elle riait, me rappelant que, si Ioulios existait, il passerait ses après-midi au gymnase car tous les jeunes citoyens s'y préparent à la guerre... J'aurais dû écouter la sage Nysa et admettre que cette ancienne esclave, affranchie par mon grand-père, a plus d'esprit que moi.

MOINS D'UNE HEURE PLUS TARD

*N*ysa m'ayant appelée dans la cour aux colonnes pour l'aider à plier du linge, je reprends mon récit. Pas facile d'écrire dans de telles conditions ! Donc, juchée sur l'estrade du théâtre, je m'encourageais, répétant à mi-voix :

– Ne déçois pas ton père, ne le déçois pas... Sois à la hauteur de ta tâche... Garçons et filles s'expriment aussi bien les uns que les autres... Tous les humains parlent, réfléchissent, discutent, tous... S'il y a des acteurs, il peut y avoir des actrices !

– *Ignores-tu que le malheur est en marche*, poursuivait mon père, *et que ceux qui nous haïssent visent ceux que nous aimons ?*

Il fit un pas vers moi et me laissa la parole.

– *Mais non !* lançai-je d'une voix étranglée. *De ceux que... que nous aimons je n'ai, moi, rien entendu dire, Antigone, rien qui apaise...*

Cette première réplique sortit à grand-peine de ma bouche, mais je n'hésitai qu'une fois. C'était une de trop. Je frissonnai. Non, ma nervosité ne me condamnerait pas à bafouiller, mes lèvres décolorées d'angoisse ne me trahiraient pas. Je me repris, fermai les yeux à demi, et les syllabes, les mots, les phrases suivirent, doux et fluides comme l'eau à la fontaine.

Quand Sophocle annonça la fin de la répétition, j'eus l'impression qu'elle venait à peine de commencer.

– Bravo ! Je te prédis un bel avenir au théâtre, Ioulios ! me dit-il. Il est vrai qu'il n'existe pas meilleur maître que Cléandros... Je compte sur toi pour la prochaine répétition !

DANS LA NUIT

Je croyais que le bonheur favorisait le sommeil. Il n'en est rien, mon cher Patrocle. Les yeux grands ouverts, perdue entre vrais rêves et rêves éveillés, je savoure la vie et remercie les dieux.

Sophocle m'a demandé de revenir sans faute au théâtre, dans trois jours. Mon père m'a complimentée et fait jurer de ne rien dire à Nysa qui s'affolerait en m'imaginant sur scène. Une précaution bien inutile, je n'avais pas l'intention de lui parler de quoi que ce soit.

18E JOUR DU MOIS DE DIONYSOS

Je profitais du calme matinal pour relire *Antigone* et répéter mon texte quand, soudain, levant le nez de mes feuillets, j'aperçus sur le rebord du berceau de Salios une araignée énorme, noire et velue, menaçante. La rage me prit. Armée d'une chaussure, je tentai de l'écraser sans frapper mon petit frère qui, réveillé, trouvait ça très amusant. L'imbécile ! Il aurait moins ri si cette sale bête l'avait mordu. Je poursuivis l'animal dans les moindres recoins et, victoire, l'araignée mourut, aplatie sur le montant de bois !

❋

EN FIN DE JOURNÉE

Cet après-midi pendant notre séance de travail, mon père se montra plus exigeant que jamais. Le clair soleil d'hiver annonciateur du printemps ne lui arracha pas le moindre sourire. Indifférents à la beauté du jour, nous reprenions encore et encore la scène d'adieu d'*Antigone*. J'imaginais la princesse traînée par les gardes loin de Thèbes, enterrée vivante. Une heure plus tard, j'admirais le courage du devin Tirésias prévenant le roi de l'imminence d'une catastrophe. Ce passage se révéla très difficile à jouer car le devin devait apparaître à la fois tremblant et fort. Vulnérable car il est aveugle, fort car il connaît la volonté des dieux. Il sait que les bruissements d'ailes et les cris des oiseaux entendus dans le temple de Zeus sont un mauvais présage. Il sait qu'il doit convaincre Créon de revenir sur sa décision. Dix fois, vingt fois, mon père déclama cette scène, modulant sa voix, travaillant ses gestes et sa démarche. J'en avais assez de jouer ce roi odieux, plus qu'assez !

19e JOUR DU MOIS DE DIONYSOS

La douceur de l'aube et l'excitation de ma belette surveillant, la mine gourmande, une fissure au bas du mur me mirent d'excellente humeur. Je lisais, heureuse de ce calme qui ne durerait pas. Le brasero éteint allait le rester pendant de longs mois. Pourtant, Lara, chargée de l'allumer en cas de grands froids, entra au gynécée. La porte grinça à peine. Avec un air de conspiratrice, elle fonça droit sur moi et me proposa à mi-voix de raccourcir mes cheveux.

– Ça fera plus garçon demain, précisa-t-elle tout en surveillant du coin de l'œil Nysa endormie. Vous savez, petite maîtresse, vous étiez un acteur formidable l'autre matin au théâtre.

J'abandonnai aussitôt ma lecture pour m'installer sur un tabouret bas.

– Coupe tant que tu veux, Lara, mais par pitié, silence ! Si tu trahis notre secret, mon père n'écoutera que sa colère et te revendra... D'ailleurs que fais-tu ici ? Pourquoi ne l'as-tu pas accompagné sur l'Agora ?

– Maître Cléandros n'y va pas ce matin. Il vous attend.

– Si tôt, Lara ? Tu perds la tête.

– Je ne perds rien du tout, le maître a décidé de répéter toute la journée, et je dois vous servir votre repas de midi avec lui.

Quelle journée ! La répétition dura jusqu'à la tombée de la nuit. J'en ai la tête vide, la bouche crispée et la gorge en feu d'avoir tant parlé. Je comprends mieux les textes de Sophocle, surtout *Antigone*, maintenant que je les joue et, quoiqu'il se passe, je retiens mes larmes. J'ai compris que je suis à la fois moi et l'autre, deux âmes dans un même corps ! Je suis Cléo et Ismène, ou Cléo et le garde...

En toute logique, Sophocle devrait remporter le premier prix. Enfin, moi, je voterais pour lui si on me demandait mon avis ! Quelle idée saugrenue, faire voter les femmes. Ça n'arrivera jamais. Reste une inconnue de taille : les tragédies d'Eschyle ou de l'auteur dont j'oublie tout le temps le nom surpasseront-elles celles de Sophocle ? Non, c'est impossible. Je ne peux imaginer moment plus émouvant que celui où Créon accepta de libérer Antigone et d'enterrer le traître Polynice. Car si le devin Tirésias échoua à convaincre le roi, le chœur y parvint... Patrocle, quel plaisir pour moi d'imiter la voix paniquée du souverain ! Je hurlai avec bonheur :

– *Que dois-je faire ? Parle, j'obéirai... Je pars comme je suis. Allez, allez donc, serviteurs...*

Après avoir déclamé cette tirade une douzaine de fois, je m'étranglai et me mis à tousser.

– Doucement, Cléo ! s'amusa mon père en me tendant une coupe d'eau. Bois, respire à fond et calme-toi. Parler vite n'est pas bien parler. Chaque mot doit être entendu et compris par tous les spectateurs, même ceux assis sur les derniers gradins. Travaille ta technique, par tous les dieux ! Allons, reprends et articule !

– *Allez, allez donc, serviteurs... Prenez des haches en main ; courez vers la hauteur que vous voyez là-bas... C'est moi qui l'ai enfermée, c'est moi qui la délivrerai.*

Alors, enfin, le sévère Cléandros se déclara satisfait et m'autorisa à monter dîner au gynécée ! Je ne me le fis pas dire deux fois. Je gravis l'escalier plus lentement qu'une vieille femme, m'effondrai sur mon lit. Je n'avais pas faim. Malgré ma fatigue, j'ai voulu tout te dire, mon cher Patrocle... Mes yeux se ferment tout seuls, je n'en peux plus. Écrire a épuisé mes dernières forces. Le sommeil ne tardera pas à m'emporter.

À L'AUBE DU 20e JOUR DU MOIS DE DIONYSOS

Soudain, au milieu de la nuit, ma belette grimpa sur mon lit et bondit sur mes pieds, mon ventre, mon épaule, avant de disparaître dans l'obscurité du gynécée. Et elle m'abandonna après ce réveil brutal, la tête en ébullition, préoccupée. Je peux même dire soucieuse. Pourtant, j'ai l'habitude des galipettes nocturnes de Boulas courant, sautant, poursuivant quelque proie invisible. Le sommeil m'ayant fuie, j'ai beaucoup réfléchi. Tantôt j'espérais la guérison de Philémon par peur de monter sur scène, tantôt je souhaitais l'aggravation de ses fièvres pour être encore et toujours actrice ! Que Zeus qui voit tout, à toute heure, décide de mon sort !

EN ATTENDANT MON SOUPER

Acteur malade ou pas, il était hors de question que j'arrive en retard au théâtre ce matin. Nysa somnolait encore quand je claquai la porte de la maison.

– En avant, Lara, marche plus vite !

Mis à part mon énervement causé par une nuit trop courte et... mon mauvais caractère, je n'avais aucune raison de bousculer ainsi ma petite esclave. J'avançai à grandes enjambées dans les rues ensoleillées d'Athènes, comme le garçon que j'étais pour quelques heures. Cheveux et chiton courts. Quelle liberté ! Je dépassai une paysanne au panier rempli de fromages, un pêcheur aux poissons frétillants, un marchand de légumes frais et de purées prêtes à déguster, tous pressés d'arriver sur l'Agora. J'accélérai encore et ne ralentis qu'à la vue du théâtre de Dionysos. Essoufflée,

Lara me lança un regard interrogateur. Inutile de lui répondre. Elle prouvait sa bêtise en ne comprenant pas mon impatience.

APRÈS LE SOUPER

Nysa redescendue à la cuisine, je reprends mon récit. Évidemment, ma vieille nourrice est pénible, autoritaire et dure, mais elle n'a pas son pareil pour cuisiner ce que j'aime. Grâce à elle, je viens de me régaler de sardines grillées et de purée de fèves parsemée de menthe hachée. Un régal !

Ce matin à mon arrivée, le théâtre était vide, ou presque. Un garçonnet mal coiffé jouait avec des figurines de terre cuite près d'un vieil homme aux rares cheveux blancs. Celui-ci posa sur un gradin trois petites coupes sous lesquelles il cacha des galets blancs et ronds, comme ceux ramassés dans le lit des torrents. J'ôtai mon manteau, le confiai à Lara et m'avançai, poussée par la curiosité. L'inconnu me tournait le dos, il ne m'entendit pas et poursuivit son affaire. Il souleva, déplaça ses coupes à toute allure, recommença. Un court instant, je vis un galet sous chacune d'elles. Puis, je ne sais comment, je les aperçus groupés sous une seule coupe, avant de les voir réapparaître dans sa main, sous le gradin !

– Ah ! Mon garçon ! s'exclama l'escamoteur remarquant enfin ma présence. Que penses-tu de mes tours de passe-passe ?

Je reculai d'un pas par crainte qu'il ne fasse disparaître mon manteau, l'eau ou les galettes d'orge du panier de Lara. Je préparais ma réponse quand Sophocle arriva entouré d'une dizaine de choreutes.

– Te revoilà à Athènes ? s'exclama gaiement le poète. Par les dieux tout-puissants, l'ami, je t'ai cru mort. Où étais-tu donc passé ?

– Pas bien loin, poète ! Tu sais pourtant que je ne rate jamais les Grandes Dionysies... Puis-je te parler d'une certaine affaire, ajouta-t-il à voix basse. Il s'agit de mon fils, le petit, là-bas, qui joue si sagement. Mais, si tu préfères, je peux patienter jusqu'à la fin de ta répétition.

Et l'homme aux doigts agiles recommença à manipuler ses coupes et ses cailloux. Il tira un galet de derrière l'oreille d'un choreute, un autre de la bottine de son voisin, un troisième d'entre les plis de mon chiton. Enchanté de l'effet produit, l'escamoteur les reprit en main. Cependant, sa troupe étant au complet, Sophocle nous pria de nous mettre au travail. J'écris « nous » car Philémon n'était toujours pas là. Je les suivis sur l'estrade, paniquée et heureuse à la fois. Sans me vanter, tout se passa bien. J'adore jouer.

Après un déjeuner rapide, je descendis rejoindre mon père pour la répétition. J'étais toute contente mais, à sa mine renfrognée, je sus que l'après-midi allait être pénible, voire orageux. Qu'avais-je fait ou dit pour le contrarier ? Aucune idée. Comme j'ai toujours tendance à me sentir coupable, responsable des pires catastrophes, je ne cherchai donc pas d'autres causes possibles à la mauvaise humeur paternelle que moi, et pénétrai, courageuse, dans la grande salle.

– Assieds-toi ! Et silence ! aboya-t-il.

Il avala une coupe de vin d'un trait tandis que je me faufilais jusqu'au siège le plus proche. Mes mains tremblaient et une monstrueuse boule d'angoisse bloquait ma gorge.

– Ah ! J'en ai eu des soucis au cours de ma vie ! continua mon père cherchant au plafond une toile d'araignée qui lui permettrait de punir cruellement une esclave. Et pas beaucoup de joies, enfin quelques-unes... Mais là, c'est le comble ! Tu es parfaite, ma fille, pour me ronger le cœur, et tu m'as mis dans les ennuis jusqu'au cou !

Son regard se durcit. Comme je regrettais de ne pas être belette, ou souris, afin de disparaître dans un trou ! J'avais beau chercher, je ne trouvais aucune raison à sa colère.

Je reprends mon récit après avoir aidé Nysa à trier de vieux chitons.

– Ce matin sur l'Agora, j'ai rencontré Sophocle, hurla-t-il. Et sais-tu, Cléo, ce qu'il m'a proposé ? Non, évidemment... Il souhaite que tu joues l'enfant qui guide Tirésias, le devin aveugle, aux Grandes Dionysies ! Pour te faire plaisir et te remercier, a-t-il précisé... Alors, fillette sans cervelle, qu'en penses-tu ? Moi, je vais te dire ce qu'il convient d'en penser ! Oui, Nysa avait raison. Il était indécent, imprudent ou imbécile, comme tu veux, d'accepter que tu te déguises en garçon. Voilà où ma faiblesse de père m'a mené.

– Qu'as-tu répondu à Sophocle ?

– Rien, je suis resté sans voix face à une telle abomination.

– Alors, je t'en supplie, mon père, souviens-toi de tes rêves, ces messages divins ! Et oublie les conseils de notre vieille nourrice, car elle a tort, la preuve ? Personne ne m'a reconnue, et personne ne me reconnaîtra si je monte sur scène. Laisse-moi jouer ce tout petit rôle muet, s'il te plaît. Ce sera l'unique apparition de l'éphémère Ioulios, je te le jure !

Ma voix se réduisait à un murmure à peine audible, mais mon audace m'étonnait moi-même.

– Tu peux dire ce que tu veux, c'est non ! N'insiste pas, jeune sotte !

Quelle déception ! Pourtant, dans l'espoir de le faire changer d'avis, je me suis appliquée comme jamais durant la répétition. J'ai bien placé ma voix, parlé lentement et maîtrisé mon souffle... J'entends un pas lourd dans l'escalier, reconnaissable entre tous, Nysa entrera dans un instant au gynécée. Je te roule et te glisse derrière le coffre, gentil Patrocle. À très vite.

APRÈS LA TOILETTE DU SOIR

Lara avait tout préparé. Elle avait rempli d'eau tiède la grande vasque de terre cuite, ronde comme la pleine lune. Elle avait posé sur un tabouret bas l'éponge, un pain d'argile spéciale pour me savonner, un drap pour me sécher et un chiton propre. Elle avait allumé un brasero pour surchauffer la pièce, un luxe superflu en ces premiers jours du printemps. Grâce à elle, j'ai passé un bon moment. J'ai coiffé mes cheveux mouillés avec le peigne en bois d'olivier hérité de ma mère. Dents fines d'un côté, épaisses de l'autre. Au loin, Salios pleurnichait. Pauvre bébé incapable d'expliquer ce qui le tourmente. A-t-il mal au ventre, à la tête ou aux pieds ? A-t-il faim ou est-il trop serré dans ses langes ?

Que Thalie s'en occupe ! Tout compte fait je ne suis ni sa mère ni sa nourrice. Je m'occupe de moi, je me détends.

22e JOUR DU MOIS DE DIONYSOS

Bien sûr j'ai mal agi, je le sais, en espionnant mon père qui soupait hier avec son ami Métion. À la nuit noire, pieds nus, je descendis l'escalier sans faire grincer les marches. Je traversai la cour aux colonnes et collai mon oreille à la porte de la grande salle. Leur conversation portait sur des projets de reconstruction des temples de l'Acropole, d'agrandissement du port, et autres sujets inintéressants. Un vent glacé annonciateur de pluie se leva. Gelée jusqu'aux os, je n'avais pourtant aucune envie de me coucher. Je restai donc, écoutant encore ce qui ne m'était pas destiné.

– Tu me sembles nerveux ce soir, Cléandros, des soucis ?

– Oui, et il y a de quoi ! Figure-toi qu'à quelques jours des Grandes Dionysies, j'attends toujours le texte de la quatrième pièce de Sophocle ! Je connais à la perfection ses trois tragédies, dont une *Antigone* extraordinaire. Je ne te dis que ça. Tu apprécieras. Mais, par tous les dieux, il manque son drame satyrique, cette pièce charmante qui amuse, effraie et finit toujours bien !

– Ce Sophocle, dont tu vantes les mérites, est donc un incapable ? Voyons, Cléandros, au lieu de te ronger les sangs, sois ferme ! Exige ce texte dans les plus brefs délais.

– Je ne t'ai pas attendu, mon ami. Je lui en ai parlé ce matin même, et tu n'imagineras jamais sa réponse.

– Que t'a-t-il dit ? S'est-il excusé ?

– Pas du tout. Il m'a lancé en souriant : « Ventrebleu ! mon drame satyrique est fait, l'intrigue est bâtie, il faut juste ajouter les vers ! »

Je n'en croyais pas mes oreilles. Sophocle s'amuse-t-il de tout ? Ou a-t-il oublié qu'il doit présenter quatre pièces au concours des Grandes Dionysies ? Faute de quoi, il sera disqualifié et nous aurons travaillé pour rien.

23e JOUR DU MOIS DE DIONYSOS

J'ai oublié de te confier, Patrocle, l'affaire secrète de l'escamoteur ! Le vieil homme voulait que son fils obtienne le rôle de l'enfant qui guide Tirésias, celui que mon père refusa pour moi. Évidemment, Sophocle accepta et scella leur accord par une poignée de main, signe d'un engagement solennel. J'enrage. L'envie m'étouffe. Ce garçon aux cheveux en broussaille a vraiment de la chance.

25e JOUR DU MOIS DE DIONYSOS

*M*es répétitions, au théâtre un jour sur trois et à la maison tous les après-midi, m'épuisent. Cependant, je dois assumer mes choix sans me plaindre. Je te l'ai promis, petit Patrocle, plus de lamentations, de larmes ni de soupirs. Je ne l'oublie pas... Hélas, mes malheurs ne s'arrêtent pas là ! Depuis peu, Salios pleure pour un rien. Nuit et jour, il bave, suce ses doigts ou les miens, mordille tout ce qui tombe sous ses gencives boursouflées. Il réveille le gynécée par ses hurlements. À presque six mois, il fait ses dents, m'a prévenue Thalie. Quand je le vois ainsi, rouge de colère, la bouche grande ouverte, je le plains et le déteste en même temps. Et il a de la voix, ce petit bonhomme, exactement celle qu'il faut pour devenir un excellent acteur.

– Ne sois pas jalouse, Cléo, murmure alors mon cœur.

Facile à dire, presque impossible à faire.

26e JOUR DU MOIS DE DIONYSOS

*A*ujourd'hui pour la quatrième fois, je suis montée sur l'estrade du théâtre, priant les dieux, car eux seuls pouvaient m'aider. Que Dionysos m'accorde la réussite !

Que Zeus aveugle ceux qui voudraient me nuire ! Qu'Athéna me protège ! Malgré les encouragements de Sophocle, j'avais, une fois encore, horriblement peur. Pourtant, méprisant frissons et ventre noué, j'ai bien déclamé, ni trop vite, ni trop lentement, une diction impeccable. Galvanisée par le texte, j'ai même osé des gestes... C'est tout dire ! Mon chiton de garçon, qui dévoile mes jambes jusqu'aux genoux, ne me gêne pas plus que mes ridicules cheveux courts ou l'absence de voile sur ma tête. En ville, le brouhaha des rues m'est devenu habituel. Comme Lara, je connais maintenant par cœur le chemin à suivre. Si j'osais je ferais un détour pour flâner sur l'Agora... Je préfère m'en abstenir, mon père me punirait. Un risque inutile à courir.

27e JOUR DU MOIS DE DIONYSOS

Quelle mouche a piqué Nysa ? Voilà qu'elle a décidé de m'accompagner au théâtre à la place de Lara. Pourquoi ? Se doute-t-elle de quelque chose ? A-t-elle entendu parler du neveu de Cléandros qui remplace l'acteur malade ? Elle sait qu'il n'existe aucun Ioulios dans ma famille qu'elle sert depuis trente ans... Je suis certaine qu'elle a tout compris, ou tout appris par une indiscrétion. Qui a parlé ? Lara ? Je ne peux le croire. Je dois avertir mon père au plus vite, dès cet après-midi.

FRANCHEMENT PLUS TARD

*I*ntelligence, maîtrise de soi et astuce, mon père réagit à la terrible nouvelle de façon incroyable. Il s'étonna du projet de Nysa, sans plus.

– À ton âge, tu dois surmonter tes peurs, Cléo, me reprocha-t-il sitôt mis au courant de cette catastrophe. L'angoisse brouille notre jugement et empêche la résolution des problèmes.

Je baissai le nez, regardant fixement le bout de mes pieds nus. J'en avais assez de ses leçons de morale. N'y avait-il pas discussion plus urgente ?

– Comme je ne peux interdire à Nysa de t'accompagner au théâtre après-demain, poursuivit-il avec assurance, eh bien, ce jour-là, tu ne joueras pas, ma fille. C'est aussi simple que cela.

L'affaire ne semblait pourtant pas si aisée car il s'assit, pensif, le menton sur ses poings cramponnés à la canne utilisée pour le rôle de Tirésias. Le silence s'installa, s'éternisa.

– Nous avons deux solutions, dit-il enfin. Soit, par chance, Philémon revient guéri et tu t'assieds sagement sur les gradins près de Nysa pendant la répétition. Soit il est toujours souffrant et, dans ce cas, je te demande de te plaindre de soudains maux de tête, de ventre, de gorge... enfin de ce que tu veux, et de rentrer à la maison instantanément.

– Père, ton plan est parfait sauf que nous ignorons si Philémon sera malade ou pas ?

– Je croyais que les filles avaient une tête bien faite, Cléo ? Si tel est le cas, réfléchis !

J'étais tellement vexée que mes idées s'emmêlèrent tant et si bien que je ne trouvai rien à répondre. J'étais sur le point de reconnaître ma stupidité quand il ajouta :

– J'enverrai Lara chez lui prendre de ses nouvelles... Maintenant, Cléo, passons aux choses sérieuses. *Quel chagrin nouveau pour nos rois vas-tu donc nous apprendre encore ?... Mais quel est l'assassin ? Et quelle est la victime ? Dis-le-nous ?* Allez, à toi, joues-tu le messager ou préfères-tu rêver ?

Je me repris aussitôt, pour annoncer au chœur, donc aux spectateurs, le premier malheur du roi Créon, sa première épreuve, sa première punition.

– Ils sont morts, et les auteurs de cette mort, ce sont ceux qui leur survivent.

La répétition dura jusqu'à la nuit tombée.

28ᴱ JOUR DU MOIS DE DIONYSOS

*D*epuis son retour de l'Agora, un panier débordant de victuailles sur la tête, Lara a épluché les légumes, écaillé et vidé les poissons avant d'allumer le brasero dans la cour aux colonnes. Elle ne le transporta dans la cuisine que lorsque les charbons embrasés, ne fumant plus, lui permirent de cuire notre repas. Puis elle balaya et lava la grande salle, avant de sortir pour chercher l'eau à la fontaine... Philémon était-il encore malade ? Lara le savait, moi pas... Oh ! Nysa, je te hais ! Je suis certaine que tu fais exprès de la surcharger de travail pour l'empêcher de me rejoindre au gynécée. Tu te doutes de quelque chose. Pire, tu sais que Lara et moi partageons un secret que tu brûles de connaître... Mais tu me le paieras, je me vengerai ! Pardon, Patrocle, je n'aurais pas dû écrire cela. J'exagère toujours et m'en prends systématiquement à ma nourrice. Pourquoi ? Tout bonnement parce que je ne peux me mettre en colère contre personne d'autre. Quelle ingratitude ! Je suis injuste à son égard, je le sais.

ENFIN

– Petite maîtresse, Philémon sera là demain, chuchota Lara en apportant mon déjeuner. À l'aube, j'ai couru chez lui prendre de ses nouvelles, avant de rejoindre maître Cléandros sur l'Agora... Ne vous attristez pas, jamais le troisième acteur ne jouera aussi bien que vous la douleur d'Ismène ! Vous êtes la meilleure.

Tant de compassion de la part de ma petite esclave me bouleversa. Ainsi donc, elle écoutait et appréciait les répétitions, moi qui croyais qu'elle somnolait. Comment fait-elle pour deviner mes sentiments et s'y intéresser ? Oui, cher Patrocle ! Je dois regarder la vérité en face : Lara est plus gentille que moi, pourtant elle n'a pas la vie facile, surtout aujourd'hui.

UN PEU PLUS TARD

Mon père m'accueillit dans la grande salle avec un sourire magnifique, un de ceux qui réchauffent le cœur en toutes circonstances.

– Voici le drame satyrique que je désespérais de recevoir ! s'exclama-t-il, un rouleau de papyrus à la main. Il était temps... Au fait, demain, Philémon jouera et Nysa t'accompagnera au théâtre, Cléo. Et sois gentille avec elle, je te prie... Maintenant, assieds-toi et lis !

J'obéis. Écrit en lettres capitales d'une belle écriture, le texte de Sophocle me sembla facile à déchiffrer. Pourtant, la répartition des répliques entre les personnages et les didascalies n'étant pas indiquées, j'eus bien du mal à comprendre l'histoire. Sans aucun commentaire blessant, mon père approcha son siège du mien et se mit en devoir de tout m'expliquer.

– Première scène, Cléo ! Imagine un garde sur le toit de la *skènè*, il fixe l'horizon et ne préviendra de l'arrivée des secours qu'à la fin du dialogue opposant le jeune prince à sa mère. Ensuite...

Grâce à lui, en quelques minutes, tout devint simple et clair. J'étais captivée. Soudain, mon nez me chatouilla horriblement et j'éternuai si fort que les murs retentirent d'un écho terrible.

– Voici le meilleur des présages ! se réjouit mon père. Les dieux ont parlé, je serai donc prêt !

AVANT L'AUBE DU 29e JOUR DU MOIS DE DIONYSOS

*B*allottée entre la crainte d'une rechute de Philémon, le désespoir de son retour et les pleurs de mon frère, ma nuit fut agitée. Réveillée pour réveillée, je me suis levée pour calmer Salios. Mais j'ai eu beau lui parler, le bercer, chantonner ou marcher de long en large en lui tapotant le dos, il pleurait encore, plus ou moins fort ! Lorsqu'il s'endormit, le soleil se levait. Il était temps de nouer ma ceinture, de me débarbouiller et de rejoindre mon père devant l'autel familial pour les prières et les offrandes quotidiennes.

29ᴱ JOUR DU MOIS DE DIONYSOS

Sitôt avalé un morceau de pain d'orge accompagné d'olives et de figues sèches, je m'habillai en garçon, agrafai mon manteau et descendis l'escalier. Nysa m'attendait sur le seuil de la maison, visiblement mécontente, mais de quoi, grands dieux ? Elle frappa à la porte et sortit. Je la suivis. Aussitôt, l'inquiétude me gagna, chuchotant à mon oreille dans les rues d'Athènes qu'elle avait raison, qu'il était mal de se travestir. N'était-ce pas un monstrueux mensonge que de se faire passer pour quelqu'un d'autre, pour Ioulios, un inconnu, un non-vivant, une ombre ? Comme ma vieille nourrice, les dieux de l'Olympe détestent les menteuses !

– Cléo, qu'as-tu à traîner ainsi ? cria-t-elle soudain, la bouche pincée et le regard dur. Tu aurais dû laisser Thalie s'occuper du petit cette nuit... Ne pas dormir est une sottise ! Mais les bêtises sont une habitude chez toi, une seconde nature, pas vrai ?

Se doutait-elle de quelque chose ? Avait-elle découvert la vérité ? Pour éviter tout affrontement, j'avouai une grande fatigue, fatigue qui me serait bien utile si, par malheur, Philémon ne venait pas. Par chance, il était là sur la *skènè*, pâle et amaigri par la maladie. La répétition se passa au mieux et personne ne s'occupa de moi. L'aulète à la double flûte charma Nysa, lui arrachant des sourires béats. Le jeu parfait de mon père l'enthousiasma. Sur le chemin du retour, elle prédit même le premier prix pour Sophocle !

APRÈS LE DÎNER

*A*yant vu ce qu'elle voulait voir, Nysa m'a annoncé qu'elle ne retournerait au théâtre qu'au jour des Grandes Dionysies. Puis, tout en langeant Salios, elle a ajouté, énigmatique :

– Il faut toujours se méfier de son imagination et de certains cauchemars, Cléo !

Qu'avait-elle imaginé ? M'avait-elle vue en rêve, sur l'estrade, jouant avec mon père... Je ne vais certainement pas lui rappeler que les songes, messages divins, parlent toujours vrai !

2E JOUR DU MOIS D'ARTÉMIS

*D*ès mon réveil, le ciel était d'un bleu sans nuages, une brise chaude et légère soufflait du sud. Thalie chantonnait et Nysa avait quitté son air bourru ! Aussi, pour profiter de la douceur du jour, je demandai à Lara de débarrasser la terrasse des feuilles mortes, brindilles et poussières accumulées au cours de l'hiver. Une heure plus tard, j'y montai avec Salios. Je voulais absolument qu'il découvre les beautés du printemps, son premier printemps. Savourant la délicieuse brûlure du soleil sur mes joues, je parlai à mon bébé, tout doucement, lui expliquant qu'il aurait beau tendre la main, il n'attraperait jamais un oiseau en plein vol. Comme je me sens proche de lui ! Maintenant, je comprends mieux pourquoi Antigone ne laissa pas le corps de son frère aux chiens et aux vautours.

– Moi aussi, Salios, jamais je ne t'abandonnerai ! Plus tard, quand tu seras un acteur renommé, nous répéterons ensemble à la maison et, un peu grâce à moi, à notre complicité sans faille, tu remporteras tous les premiers prix.

Il me répondit par un babillage adorablement incompréhensible qui mourut en un sourire charmant. Les larmes me montèrent aux yeux. Le ciel était bienveillant, les dieux m'aimaient puisqu'ils m'avaient donné une si belle vie.

3e JOUR DU MOIS D'ARTÉMIS

Une sacrée surprise m'attendait au théâtre ce matin ! Avant le début de la répétition, Sophocle fit placer un buisson, un vrai, à la droite de l'estrade, et poser des panneaux de bois peint sur la façade de la *skènè*, côté spectateurs. L'effet est saisissant, cher Patrocle. Ces peintures imitent incroyablement bien les murs extérieurs du palais de Thèbes. Elles font grande impression et augmentent la portée de chaque mot prononcé par les acteurs. Résultat, je ne pus retenir mes larmes quand, sortie du palais pour aller aux nouvelles, la reine Eurydice, jouée par mon père, supplia le messager de poursuivre le récit des derniers événements qu'il faisait au chœur.

– *J'ai suivi mon roi jusqu'au corps de Polynice déchiqueté par les chiens*, dit l'homme encore sous le coup de l'émotion. *Je l'aidai à brûler le cadavre selon les rites, puis l'accompagnai au tombeau d'Antigone. On était presque arrivés quand on entendit des cris... Pressant le pas, Créon découvrit dans la grotte une scène atroce. Antigone, pendue par le cou... et Hémon, collé à elle, pleurant, la serrant dans ses bras.*

Le fait que je connaisse la suite de la scène n'empêcha pas mes pleurs. Je savais pourtant que le roi Créon prierait alors son fils de sortir de la tombe, que le prince lui cracherait au visage avant de tirer son épée hors du fourreau. Je savais que, de peur d'être assassiné par son propre enfant, le roi s'enfuirait tandis qu'Hémon, retournant l'arme contre lui, l'enfoncerait en son flanc.

Désespérée, muette de douleur et la démarche incertaine, la reine Eurydice quitta la scène. Elle disparut par l'ouverture pratiquée au milieu du mur de la *skènè*. Dans la tragédie, cette porte est celle du palais royal, dans la réalité, elle donne simplement sur les coulisses.

Autant te dire, mon cher Patrocle, qu'après une telle scène, à la force amplifiée par les décors en trompe l'œil, je restai immobile, figée sur mon gradin de bois. Sophocle aura le premier prix ! J'en suis certaine. Nul ne sait mieux que lui peindre la souffrance des hommes avec tant de vérité et de tendresse. Mais, pour si bien parler du malheur, Sophocle est-il un homme heureux ?

APRÈS UN RAPIDE DÉJEUNER

L'après-midi même, dans la grande salle, je félicitai mon père pour son interprétation extraordinaire d'Eurydice. Mon compliment le toucha mais, par modestie, il m'assura que mon émotion n'était due qu'à l'effet produit par les décors peints. Une invention qui fera date, selon lui, une innovation qui deviendra une habitude, voire une nécessité. J'osai alors lui poser une question, au risque de me ridiculiser. Contrairement à ce que je redoutais, il m'écouta avec sérieux.

– Pourquoi Antigone et Hémon meurent-ils puisque le roi Créon a enfin obéi au devin Tirésias, donc aux dieux ?

– Ma fille, sois attentive au texte, je te prie, et réfléchis ! Le roi n'a pas suivi les conseils du devin. Pas du tout ! Les dieux lui ont demandé de libérer Antigone, puis d'enterrer Polynice, et non l'inverse. Il s'est trompé.

Je reconnus mon erreur, honteuse.

– Cléo, si un roi n'a pas droit à l'erreur, une jeune citoyenne d'Athènes est excusable. Ce n'est pas grave de lire trop vite... Au travail, jeune fille !

4e jour du mois d'Artémis

Je tissais, tranquille. J'imaginais mon père recevant le prix du meilleur acteur aux Grandes Dionysies, quand Nysa arriva de sa démarche pesante. Elle se campa devant moi, les poings sur les hanches, et leva haut la tête, ce qui déploya son triple menton.

– C'est le moment de laisser repousser tes cheveux, ma fille ! m'agressa-t-elle. Tu les as coupés en signe de deuil à la mort de ta mère, c'est bien. Tu les as recoupés pour te transformer en Ioulios, c'est mal et... ni ton père ni toi ne me ferez changer d'avis à ce sujet... N'en parlons plus ! Bref, après-demain ce sera ta dernière promenade au théâtre, et tu n'auras plus aucune raison de t'habiller en garçon ni de vagabonder dans les rues avec Lara.

– Oui, nourrice, inutile de me rappeler ce que je sais déjà.

Garder mon calme me demanda un énorme effort. Mais j'ai mûri ces derniers temps. Je prends désormais exemple sur Antigone qui jamais ne laissa éclater sa colère et évita les affrontements directs sans dévier de son chemin. Et mon chemin, je le connais maintenant. Aimer le théâtre ! Vivre, jour après jour, avec les mots que nos grands poètes assemblent si bien.

5e jour du mois d'Artémis

Le soleil au zénith m'indiqua qu'il était midi. J'avalai mon déjeuner, une savoureuse purée de lentilles accompagnée de fromage de chèvre. J'étais pressée. Pas question d'arriver en retard à mon rendez-vous préféré. Après soixante-douze répétitions – eh oui, je les ai comptées ! – je descendis quatre à quatre l'escalier menant à la cour aux colonnes pleine d'une énergie joyeuse. Comme souvent, ma belette m'escorta jusqu'à la porte de la grande salle avant de disparaître. J'entrai. La pièce était vide. Je m'assis sur un tabouret, certaine que mon père ne tarderait pas... Le temps passa lentement, très lentement. Ce n'est qu'à l'heure où l'ombre emplit les rues qu'il arriva.

– Que fais-tu là, Cléo ?

– Je t'attendais pour... pour la répétition.

– Ah ! Navré, ma fille, j'ai oublié de te prévenir, mais cet après-midi je suis allé me détendre au gymnase. Pratiquer un exercice physique est nécessaire, salutaire et même obligatoire pour moi, comme pour tous les citoyens d'Athènes. Acteur ou pas, je dois me tenir prêt à partir à la guerre si la cité m'appelle ! Va savoir. À mon avis, les Perses rêvent encore de conquérir la Grèce, et Athènes en particulier. Ils préparent peut-être une nouvelle attaque, c'est du domaine du possible... Allez, Cléo, file au gynécée... Et demain, repose-toi.

Puis, me tournant le dos, il se servit une généreuse coupe de vin doux. Voilà, Patrocle, c'est fini. Pour lui, nos répétitions revêtaient peu d'importance. Pour moi, elles représentaient « le moment passionnant » de ma journée. Après la fête, je retrouverai ma vie d'avant. J'ai du chagrin. Je ne verrai mon père que pour les prières de l'aube et nos cours quotidiens, une heure ou deux, pas plus. Lecture, grammaire, copie, récitation, mathématiques, astronomie... Je hais les dictées et plus encore la géométrie. Non, je ne me plains pas, mon précieux ami, je constate.

6ᴱ JOUR DU MOIS D'ARTÉMIS

Pour la dernière fois de ma vie, j'ai suivi Lara dans les ruelles d'Athènes, indépendante comme le garçon que je ne suis pas. Ultime promenade en toute liberté, ultime répétition générale au théâtre avec costumes, masques et décors. Plus nerveux que d'habitude, Sophocle pria ses acteurs de ménager des silences dans leurs tirades, des pauses riches de sens qui mettraient en valeur chaque mot prononcé. Il demanda aussi à l'aulète de jouer plus joyeusement de sa flûte afin de souligner, par contraste, l'horreur de la tragédie par la gaieté de sa musique. Il félicita mon père pour son jeu qu'il qualifia d'admirable. Il encouragea toute sa troupe, trouvant pour chacun un compliment. Il prit même le temps de venir jusqu'à moi pour me remercier de l'aide apportée. La confusion me fit bredouiller deux ou trois mots imbéciles et monter le rouge aux joues. Une timidité de fille ?

Bientôt, il me faudra arrêter mon récit, Patrocle. Tu es trop petit, j'écris trop gros ou j'accumule depuis des jours des détails inutiles... Résultat, il me reste juste assez de place pour te raconter les Grandes Dionysies.

TARD LE SOIR

Quand, peu avant l'heure du dîner, Lara m'a prévenue que mon père m'attendait, j'ai cru qu'il voulait travailler un peu. Eh bien, absolument pas. Il me réservait une surprise extraordinaire. Jamais, même dans mes rêves les plus extravagants, je n'aurais pu imaginer vivre pareil moment !

Mon voile sur la tête, je quittai aussitôt le gynécée. Salios babillait dans son berceau sous l'œil bienveillant de sa nourrice. Nysa s'affairait à la cuisine où ma petite esclave la rejoignit en courant de peur de se faire gronder.

– Entre, Cléo ! m'accueillit joyeusement mon père. J'ai deux petites choses à te dire en cette veille de fête.

Il avança vers moi, prit mes mains dans les siennes, grandes et rassurantes.

– Je pense qu'il est inutile, ma fille, de te rappeler que Ioulios, mon neveu fantôme, n'existe plus. Il a disparu ce matin, à la fin de notre dernière répétition au théâtre. Disparu à tout jamais, tu m'entends, Cléo ? Désormais, plus de déguisement d'aucune sorte !

Un « oui » étranglé franchit difficilement mes lèvres.

– Ma petite fille, je te remercie du fond du cœur pour l'aide que tu m'as apportée. Si ta mère était là, elle serait fière de toi... Si, si, fière de toi. Tu t'es révélée une assistante précieuse, intelligente et fine. Je crois que, maintenant, tu saisis la richesse des tragédies de Sophocle et en particulier l'admirable grandeur d'*Antigone* !

Il ne se trompait pas.

– Alors j'ai décidé de te remercier, tiens !

Et, avec gaucherie, il me tendit un petit paquet enveloppé de tissu rouge. Je l'ouvris sur-le-champ. Je m'attendais à trouver mes gâteaux préférés, ceux en forme de pyramide, ou un onguent précieux qui adoucit et parfume la peau, mais pas ce bracelet d'or. Une sublime spirale finement ciselée ! Une merveille d'élégance digne d'une déesse ! Je la glissai à mon bras pour juger de l'effet, oubliant de remercier mon père.

– Tu as raison, Cléo, je préfère le silence aux remerciements, plaisanta-t-il en ébouriffant mes cheveux. Je veux qu'ils repoussent, maintenant, et vite.

– Je... Je...

– Tu as la voix faible et le parler confus, fillette. Mais, dis-moi, crois-tu que j'offrirais un tel bijou à Ioulios ?

– Certes non. Les garçons n'en portent pas.

– Alors, reste toi-même, Cléo. Une femme n'est pas forcément sotte. De nombreux Athéniens le pensent, moi pas, et je ne suis pas le seul. Songe à Antigone ta princesse préférée, à Pénélope qui fit patienter ses prétendants sans les offenser, à Sapho la poétesse... Veux-tu d'autres exemples à suivre ?

C'était inutile. Je me jetai dans ses bras pour pleurer de bonheur.

7ᴱ JOUR DU MOIS D'ARTÉMIS

J'ai dormi avec mon bracelet d'or. Jamais je ne l'ôterai.

Peu après le lever du jour, Nysa m'a accompagnée au vieil Odéon situé au pied de l'Acropole, non loin du théâtre. J'aime bien ce bâtiment branlant au toit en mauvais état. Il sera bientôt détruit, dit-on, et remplacé par un nouvel Odéon vaste, élégant, digne de la puissance d'Athènes. La dernière fois que j'y suis venue, en compagnie de mes parents, j'ai assisté à un concours musical : chanteurs, flûte double et cithare à sept cordes. Ce jour-là, il pleuvait si fort que le bruit de la pluie et les claquements du tonnerre gênèrent les musiciens, ce qui m'amusa follement.

Aujourd'hui, il n'a pas été question de musique, mais de théâtre. Dans un joyeux brouhaha, les spectateurs, nombreux et impatients, s'installèrent sur les gradins du bas. Les spectatrices se regroupèrent en haut, comme toujours. Nysa connaissait l'art de nous trouver les meilleures places. Sa corpulence et son air bougon en impressionnaient plus d'une ! Le silence se fit à l'arrivée des magistrats de la ville. Les prières dites et les offrandes faites aux dieux, la présentation des poètes participant aux concours des Grandes Dionysies commença. Une couronne de feuillage sur ses cheveux blancs, le noble Eschyle parla en premier. Depuis l'estrade, il rappela son nom – que tout Athénien connaît évidemment –, ses titres, le sujet des tragédies qu'il présentera aux Grandes Dionysies, et les noms de ses acteurs. Couronné lui aussi, Sophocle lui succéda. Ce fut alors le tour de Polifrasmone et des auteurs de comédies qui clôtureront la fête. Puis le tirage au sort eut lieu. Il décidera de l'ordre dans lequel les pièces seront représentées... Je retins mon souffle, croisai les doigts, invoquai les dieux pour que le hasard favorise mon père !

AU COUCHER DU SOLEIL

L'irruption de Nysa au gynécée me laissa à peine le temps de te dissimuler, gentil Patrocle. Je reçus l'ordre de disparaître, séance tenante, sur la terrasse avec Salios pendant le « grand ménage de printemps ». Ce fut une pause amusante. Oui, amusante car mon bébé devient de plus en plus drôle. Il a six mois, quatre dents et baragouine des sons incompréhensibles indignes d'un futur acteur.

De retour dans un gynécée d'une propreté impeccable, je poursuis enfin le récit de ma matinée à l'Odéon. Qui les dieux allaient-ils favoriser ? Les tablettes portant les noms des participants furent mélangées dans une urne de terre cuite, au col si étroit qu'il empêchait toute tricherie. Puis on piocha. Silence, inquiétude, suspense... Le résultat du tirage au sort m'enchanta : Polifrasmone passera le premier jour, puis ce sera le tour d'Eschyle, et enfin celui de Sophocle ! Formidable, jouer en dernier permettait de garder intacte chez les juges l'émotion du spectacle. Sans l'ombre d'un doute, le jeune poète était aimé des dieux ! Quelle chance pour mon père de travailler avec lui.

❋

8e JOUR DU MOIS D'ARTÉMIS

Mon père m'avait annoncé qu'il passerait toute la journée au gymnase. Pourtant, il me fit appeler au milieu de l'après-midi pour une ultime répétition. Il souhaitait, m'expliqua-t-il, reprendre les dernières scènes d'*Antigone*. Moi, je le trouvais formidable du premier au dernier vers, mais je ne discutai pas, trop contente de passer ce moment avec lui. Il sourit à la vue du bracelet d'or qui brillait à mon bras, et de sa bouche sortirent, non pas des compliments sur mon élégance, mais les regrets du roi Créon :

– *Ah ! Mon fils, une bien jeune mort aura pris ta jeunesse !... Ah ! Douleurs, douloureux lots des mortels !*

9e JOUR DU MOIS D'ARTÉMIS

*L*e premier jour des Grandes Dionysies a sonné ! Le printemps est arrivé et, avec lui, les commerçants étrangers qui ne sillonnent jamais la mer par mauvais temps. Leurs navires de bois ne résisteraient pas aux tempêtes d'hiver, à leurs pluies diluviennes et à leurs vagues hautes comme des maisons. D'hirondelles ? Je n'en ai pas encore vu, mais elles ne tarderont pas.

Mon père est sorti à l'aube. J'ai entendu la porte claquer tandis que Lara dissimulait mes cheveux courts sous des mèches postiches.

– Vous serez la plus jolie des jeunes Athéniennes, murmura-t-elle, et nul ne reconnaîtra Ioulios, ça, je vous le promets !

Sa voix sonnait faux, elle résonnait de tristesse toute gonflée de chagrin. Je la connaissais trop pour ne pas m'en rendre compte.

– Que me caches-tu ? As-tu des soucis ? Parle... J'insiste, non, je l'exige !

– Vous grandissez, petite maîtresse, vous embellissez, m'avoua-t-elle après de multiples hésitations et balbutiements. Bientôt, vous serez mariée et quitterez cette maison.

– Et alors ?

– Vous me manquerez, plus personne ne me protégera de Nysa, et plus de secrets à partager... Avec maître Salios, ce ne sera jamais pareil. À sept ans, il quittera le gynécée, et puis c'est un garçon... J'aimerais rester à votre service.

Émue aux larmes, je lui promis solennellement que nous ne nous séparerions jamais.

– Tu feras partie de ma dot, Lara. Mon père ne me refusera pas le plaisir de te tourmenter toute ma vie, et même de te battre... Allons vite, je dois partir.

– Cléo, je t'attends ! hurla Nysa depuis la cour aux colonnes. Le panier est prêt. Dépêche-toi !

EN ATTENDANT LE DÎNER

*L*ara a deviné que j'aurais une faim de loup en rentrant du théâtre. Elle ne s'est pas trompée et m'a préparé un festin que je vais dévorer dès que possible.

En ce premier jour de fête, les Athéniens, citoyens et métèques mêlés, comme les étrangers de passage, traversèrent la ville en une immense procession. Les hommages aux dieux, au grand Zeus et à Athéna notre déesse protectrice, furent rendus. Les prêtres sacrifièrent des taureaux dans le sanctuaire de Dionysos. Nysa, qui me connaît mieux que ma propre mère, me tenait fermement par la main. Elle savait que je tenterais de gagner le premier rang de la foule pour admirer le défilé des chorèges et des acteurs, tous vêtus de pourpre. Si j'arrivais à apercevoir mon père, ce serait le meilleur moment de la journée ! Je me glissai entre les gens, me faufilai tirant ma vieille nourrice à ma suite. Celle-ci, haletante, me supplia de ralentir, d'être raisonnable... J'écrasai au passage quelques pieds, m'excusai, rattrapai mon voile qui glissait continuellement de ma tête sur mes épaules. J'avais également perdu l'habitude de porter un chiton long, frôlant mes chevilles, freinant ma marche. Encore quelques pas et je le vis ! Cléandros avançait d'un pas souple, souriant et décontracté. Oh oui ! C'était le plus beau de tous les acteurs !

APRÈS UN DÎNER DÉLICIEUX

*E*n milieu de matinée, la procession atteignit le théâtre. Le public s'y engouffra dans une joyeuse pagaille. Bousculades, rires, cris et injures, des querelles éclatèrent par-ci par-là, dégénérant parfois en bagarres. Dans ce cas, les policiers du théâtre fonçaient sur les antagonistes. Armés de boucliers et de bâtons qu'ils n'hésitaient pas à utiliser, ils ramenaient le calme en un clin d'œil.

Assise tout en haut avec les femmes, près de Nysa, notre panier rempli de nourriture et d'eau à nos pieds, je tentai de repérer dans la foule le visage familier de mon grand-père maternel. Depuis la mort de ma mère, je n'avais plus de nouvelles de lui. Pourtant, il habitait Athènes, lui aussi... Je ne suis qu'une fille, un être sans intérêt à ses yeux. S'occupera-t-il de Salios lorsqu'il sera plus grand ? Probablement. Bref, je ne le vis pas. Je m'ennuyais un peu quand on apporta les dix vases scellés contenant les tablettes sur lesquelles étaient écrits les noms des juges. Dix vases, un pour chacune des dix tribus athéniennes. Lors des épreuves, on piocherait une tablette dans chacun d'eux, et les dix hommes choisis viendraient s'asseoir aux places réservées pour le jury. Je connaissais le système par cœur... La foule s'impatienta, moi aussi. Sur l'*orchestra*, le grand prêtre de Dionysos prononça une dernière prière. Il purifia le lieu en faisant couler le sang d'un porcelet sur l'autel divin. Puis il gagna sa place, la meilleure, un siège de pierre au premier rang.

Et le spectacle commença !

AU MILIEU DE LA NUIT

Et quel spectacle, cher Patrocle ! Excuse-moi si j'écris si petit, mais tu sais bien que je manque de place.

J'écoutai avec enthousiasme les premiers dithyrambes, ces chants merveilleux en l'honneur du divin Dionysos. Dès que le héraut sonnait de la trompette, un nouveau chœur prenait place sur l'*orchestra*. Ce mélange subtil de poésie et de musique ravissait mes sens. La journée avançait, chaude, lumineuse, printanière. Une hirondelle traversa le ciel, heureux présage ! Avant chaque coup de trompette, Nysa rajustait mon voile, me proposait à boire et à manger, ce que j'acceptais volontiers. Elle est vraiment gentille et moi trop souvent méchante avec elle. Au dixième dithyrambe, mon attention fléchit. Au quinzième, je n'écoutais plus, ne pensant qu'aux représentations dramatiques du lendemain… Sophocle et mon père ont-ils une chance, rien qu'une, de gagner ? Eschyle a si souvent remporté le premier prix. Je me souviens qu'un soir mon père me fit part de son inquiétude. Les tragédies de Sophocle lui semblaient formidables, inventives, mais n'étaient-elles pas trop modernes, trop originales pour les Athéniens ? Nous le saurons demain.

10e JOUR DU MOIS D'ARTÉMIS

*H*ier soir, abrutie de fatigue, je me suis endormie comme une masse. Je n'ai pas entendu mon père rentrer. Il a passé la soirée chez son ami Métion, me confia Lara qui sait toujours tout sur tout… Ce matin, je nouais ma ceinture, pressée de le rejoindre devant l'autel familial, quand la porte claqua… Mon père était parti déambuler dans les rues d'Athènes. Il est toujours ainsi quand le trac de l'acteur le prend : il dort peu et marche beaucoup. C'est vrai, j'étais en retard car, pour une raison inconnue, Salios, le meilleur des réveille-matin, plus précis qu'un coq, avait oublié de hurler.

De peur de manquer la première tragédie de Polifrasmone par la faute de ce bébé dormeur, j'ai tant et si bien foncé que je suis arrivée en avance au théâtre. Je traînais dans mon sillage une Nysa essoufflée, au bord du malaise. Protégée de la fraîcheur de l'aube par mon manteau de laine, j'examinai les gradins déjà noirs de monde. Bientôt, il ne resterait plus une seule place vide. En attendant le début du spectacle, j'écoutai d'une oreille distraite les commentaires de Nysa, vite remise de notre course folle. Quelle commère ! Elle admirait l'élégance d'une femme, se moquait de la laideur d'une autre ou de sa minceur, me faisait part de ses impressions. « Pas plus grosse que ta belette ! » est pour elle l'injure suprême. Elle ne me boudait plus depuis que je m'habillais en fille, ce qui adoucissait ma vie... Les prières furent dites, les juges tirés au sort et la trompette sonna ! Deux acteurs masqués surgirent de la porte ouverte au centre de la *skènè*. Ils s'immobilisèrent sur l'estrade tandis que les choristes gagnaient l'*orchestra*.

– Hélas, Polifrasmone est un excellent auteur, susurra ma nourrice visiblement soucieuse. Il a remporté le prix il y a trois ans, peut-être quatre. T'en souviens-tu, Cléo ?

Non, je l'avais oublié, mais j'étais furieuse. Qu'avait-elle besoin de me rappeler le talent des concurrents de Sophocle, donc de mon père ? Je savais, comme elle, qu'ils étaient redoutables.

À L'HEURE DES ÉTOILES

Dès que possible, je me réfugiai sur la terrasse. Je voulais être seule, réfléchir, contempler les étoiles du ciel et prier les dieux. Boulas m'accompagna, mais je n'avais pas envie de jouer et le lui fis comprendre. Ses oreilles arrondies repliées en signe de contrariété, elle s'éloigna, vexée. Une brindille l'amusa, le hululement d'une chouette la fit disparaître ventre à terre. Toutes les belettes craignent ce bel oiseau, l'oiseau d'Athéna. Les imbéciles ! La mienne ne fait pas exception à la règle.

Comme la vie est étrange. Salios ressemble à notre mère plus que moi. Je retrouve son visage, son front haut, sa bouche charnue et ses yeux sombres, immenses, fascinants, bordés de cils soyeux. Même si je prie pour elle chaque matin, devant l'autel familial, cette femme ravissante, silencieuse, heureuse de vivre au gynécée car parfaitement soumise aux lois, ne me manque toujours pas. Aux Grandes Dionysies de l'an passé, je me souviens qu'elle regardait son mari jouer sans émotion apparente. L'aimait-elle ? Le détestait-elle ? Cette haine expliquerait-elle sa froideur à mon égard ? Autant de questions restées sans réponses. J'interrogerai ma mère lorsque je la rejoindrai aux Enfers, mais je ne suis pas pressée de mourir.

11ᵉ JOUR DU MOIS D'ARTÉMIS, À L'AUBE

Hier, à mon grand désespoir, Polifrasmone fut chaleureusement applaudi. Le poète avait-il engagé et payé des spectateurs pour l'acclamer ? Ce genre de rumeur circule toujours, au sujet de chaque auteur. Vérité ou calomnie ? Je l'ignore... Il y eut quand même quelques cris hostiles et des sifflets, surtout à la fin de son drame satyrique. Je l'ai hué, moi aussi, le plus fort possible, à m'en casser la voix. Pourtant son spectacle m'avait plu. J'ai agi uniquement par solidarité avec Sophocle.

J'appréhende les représentations d'aujourd'hui même si, comme toujours, le panier de Nysa débordera de galettes croquantes, d'olives délicieuses et d'eau aromatisée à la menthe, de quoi me régaler toute la journée… Les étoiles du ciel pâlissent, Salios s'agite dans son lit, je dois me lever. À ce soir, petit Patrocle. Promis, je te raconterai tout.

À MON RETOUR

J'ai vécu l'enfer de l'aube au coucher du soleil car… j'ai adoré les tragédies d'Eschyle. Quel talent ! Je ne me suis pas ennuyée un seul instant. Comme tous les spectateurs, j'ai frissonné d'effroi et senti la présence des dieux. J'ai tremblé quand l'implacable Destin poursuivait les coupables de père en fils, vengeant le crime par le crime. Imagine un peu, Patrocle, la scène des boucliers dans *Les Sept contre Thèbes*, une scène bouleversante… On voit l'armée aux remparts, on sent l'imminence de l'attaque, on écoute le messager qui décrit les sept chefs postés devant les sept portes de Thèbes. La bataille commence. Les deux frères ennemis, Étéocle et Polynice, fils d'Œdipe, s'affrontent jusqu'à la mort ! Interdiction est faite d'enterrer le traître, Antigone refuse de se soumettre à cet ordre. Elle rendra les derniers honneurs aux deux princes, sans rougir de désobéir pour Polynice ! Curieusement, Eschyle n'approuve ni ne désapprouve la décision de la princesse rebelle. Il ne prend pas parti comme Sophocle. Pourquoi ? Je ne sais pas.

La trompette retentit pour annoncer la pièce suivante sans réussir à dominer les hurlements enthousiastes des spectateurs. Ceux-ci applaudirent longuement le poète, ses acteurs, ses choreutes, son aulète. Des trépignements de joie montaient des gradins de bois. Si Eschyle a payé des spectateurs pour l'acclamer, alors il a dû les payer tous, sans exception, ce qui est impossible. Tout espoir de victoire pour Sophocle est désormais perdu !

12e JOUR DU MOIS D'ARTÉMIS

Cher Patrocle, à croire qu'Eschyle a écrit *Les Sept contre Thèbes* pour préparer le triomphe de l'*Antigone* de Sophocle ! Après les heures que je viens de passer, il m'est difficile de trouver les mots pour décrire ce que je ressens. Je suis encore sous le choc. Pourtant, à mon réveil, j'étais affreusement triste, convaincue de la supériorité d'Eschyle, le plus grand des poètes, après Homère bien sûr.

Comme tous les matins, le grand prêtre achevait les offrandes sur l'autel de Dionysos, quand j'aperçus dans le ciel de l'aube, si bleu, si pur, un aigle majestueux. Le bel oiseau de Zeus plana au-dessus du théâtre. Soudain, il descendit en piqué et frôla du bout de ses ailes le toit de la *skènè* où les acteurs se préparaient.

Puis, lançant un cri rauque, il s'éloigna vers la droite et disparut. Un frisson parcourut l'assemblée médusée. Cet excellent présage me redonna espoir.

– Les pièces de ce jeune Sophocle valent peut-être le coup d'être écoutées, commenta la riche Athénienne assise devant moi.

APRÈS MA TOILETTE DU SOIR

L'aigle parti, les acteurs sortirent de la *skènè* vêtus de robes, longues et sublimes, ornées de motifs en forme de vagues. Ils portaient des masques blancs, des masques de femmes, les visages charmants des princesses Antigone et Ismène.

– *Tu es mon sang, ma sœur... Tu sais tous les malheurs qu'Œdipe a légués aux siens...*

La voix de mon père s'éleva, claire, émouvante, bien timbrée, un plaisir pour l'oreille. Je connaissais le texte par cœur, pourtant, retenant mon souffle, j'ai pleuré en l'écoutant. Était-ce à cause des décors en trompe l'œil, du pouvoir des mots ou de ma trop grande émotivité ? En tout cas, à la fin de la pièce, quand un serviteur annonça à Créon le suicide de la reine Eurydice désespérée par la mort d'Hémon, leur fils chéri, l'émotion régnait en maître sur les gradins. Plus personne n'osait boire, grignoter, rire ou plaisanter. Pas un mot, pas un geste, pas un bruit... Dans ce silence ému, épais, palpable, Créon hurla, mais bien trop tard, son désespoir et ses regrets :

– Hélas ! Hélas ! L'effroi me soulève de terre... Malheureux... Tout vacille entre mes mains, et sur mon front s'est abattu un sort trop lourd à porter.

Après cet irrémédiable gâchis, le roi sortit de scène tête basse, la démarche lente et saccadée, laissant le chœur conclure, rappeler que la sagesse est la première condition du bonheur et qu'il ne faut jamais commettre d'impiété envers les dieux ! Alors, les choreutes se turent et l'aulète lança ses dernières notes. Face à l'estrade vide, les spectateurs restèrent figés, à croire qu'ils étaient morts... Et tout à coup, ce fut un déferlement d'éloges enfiévrés, d'applaudissements frénétiques. Un triomphe ! Debout, assis, c'était à qui crierait le plus fort son enthousiasme, frappant des pieds, tapant des mains, multipliant les sifflements joyeux... Le joueur de trompette attendit très longtemps pour annoncer la deuxième tragédie de Sophocle, puis la troisième et enfin le drame satyrique. Car, oui, les mêmes tonnerres d'acclamations se renouvelèrent à chaque fois. Sophocle avait ses chances face à Eschyle, et mon père celles d'être couronné meilleur acteur ! Ce soir, j'y crois, dur comme fer.

UN PETIT OUBLI

J'ai omis de te confier une anecdote amusante, fidèle Patrocle. Sur le chemin du retour, Nysa bavardait, ravie de sa journée, quand, brusquement, après avoir fait et refait cent fois l'éloge de Sophocle et de mon père, elle s'exclama :

– Ah ! Maître Cléandros sera récompensé. J'en suis certaine. Il a si bien joué et... c'est un peu grâce à toi, Cléo ! Tu es une brave petite.

Ses propos me surprirent d'autant plus qu'elle s'était toujours opposée aux répétitions à la maison, comme à ma présence au théâtre. Ma vieille nourrice perd-elle la mémoire ? Grands dieux, non ! Elle dit ce qui l'arrange, quand ça l'arrange, et c'est bien ainsi. J'approuvai ses paroles d'un baiser sonore sur sa joue joliment ridée. Son triple menton en flageola de plaisir.

– Brave petite, répéta-t-elle, aussi gentille que son père !

Et, ça, dans sa bouche, c'est un superbe compliment.

13E JOUR DU MOIS D'ARTÉMIS

Quelle journée formidable ! L'an prochain, j'emmènerai Salios aux Grandes Dionysies. Assis sur les gradins ou sur mes genoux, il ne comprendra rien au spectacle, mais sera content d'applaudir et de crier. Pauvre petit bonhomme, il doit s'ennuyer à la maison avec Thalie et Lara pour seule compagnie.

De l'aube au coucher du soleil, cinq comédies se succédèrent, cinq raisons de rire, et je ne m'en privai pas. J'entendis quelques gros mots, de ceux que les métèques ou les esclaves prononcent souvent, mon père jamais... enfin pas devant moi. Je dois avouer que parfois je ne saisissais pas ce qui amusait tant les grandes personnes.

– Je t'expliquerai plus tard, me promettait Nysa entre deux gloussements.

Je suis sûre qu'elle ne le fera pas. Mon père non plus. Je l'apercevais assis avec d'autres acteurs, au deuxième rang. Certes, il riait, mais je l'imaginais l'esprit ailleurs, l'angoisse au cœur, attendant le palmarès.

LE MOMENT DE VÉRITÉ

Le moment tant espéré, ou redouté, arriva enfin. Les regards se tournèrent vers les dix juges. L'un rajusta son manteau, l'autre martela le sol du bout de sa canne, un troisième se frotta le menton. Ils réfléchirent à peine avant d'écrire sur leurs tablettes minuscules : le nom du meilleur chorège, celui du meilleur poète et celui du meilleur acteur dans la catégorie « tragédie ». Ils glissèrent leurs tablettes dans une poterie noir et rouge. Alors, un haut magistrat s'approcha, bras nus pour prouver qu'il ne dissimulait rien dans les plis de ses manches. Il s'arrêta devant deux pots : l'un contenait les tablettes, l'autre dix cubes : cinq noirs et cinq blancs. Seul le vote tiré en même temps qu'un cube blanc serait valable. Encore un moyen astucieux d'éviter les tricheries. En effet, comme il est alors impossible de savoir à l'avance quel vote serait écarté et quel autre serait conservé, il est tout aussi impossible d'influencer des juges, de les « acheter »... ou alors il faudrait les « influencer » tous ! Sans quitter des yeux la foule muette et attentive, le magistrat plongea en même temps sa main droite dans l'une des poteries, sa gauche dans l'autre. Il en sortit une tablette et un cube... blanc.

– Vote valable ! hurla-t-il avant de lire : « Sophocle, Cléandros et... »

Je crus que mon cœur allait exploser. Une clameur enthousiaste s'éleva des gradins, puissante, magnifique. Je claquai des doigts, la main haut levée, pour manifester ma joie. Je trépignais d'impatience et d'angoisse. Le magistrat piocha à nouveau dans les urnes, encore et encore... À chaque fois, il lisait les mêmes noms. Quand il eut obtenu cinq cubes blancs, il s'arrêta et annonça les résultats :

– Pour les tragédies, Sophocle est proclamé meilleur poète, Cléandros meilleur acteur et leur chorège, le bien nommé...

La suite m'importait peu. Je n'avais que faire des prix décernés pour les dithyrambes et les comédies. Mon père rentrerait ce soir à la maison avec la plus prestigieuse des récompenses : la couronne de lierre, la plante du divin Dionysos.

CONTENTS ET MÉCONTENTS

*D'*une travée à l'autre, on s'interpellait, on se réjouissait, on chantait les louanges de ce jeune poète, de ses trois acteurs, oui trois, de son aulète à la flûte enchanteresse, de ses quinze choreutes qui chantaient et dansaient si bien. On s'étonnait une fois encore des décors peints accrochés à la *skènè*. À quelques travées de moi, en contrebas, un homme se leva et brailla de la voix pâteuse des ivrognes :

– Bravo, bravo... So... Sophocle ! *Il est bien... bien des merveilles en ce monde... en ce monde... il n'en est pas de plus grande que... l'homme...* eh oui, l'homme !

Les cruches de vin avalées par ce boit-sans-soif depuis l'aube ne l'avaient pas empêché de retenir des vers de Sophocle. Un véritable miracle ! Mais je me permis de reprendre d'une voix ferme :

– *Il est bien des merveilles en ce monde, il n'en est pas de plus grande que l'homme ! Il est l'être qui sait traverser la mer grise, à l'heure où souffle le vent...*

J'aurais récité la tirade entière à la place du chœur si Nysa ne m'avait arrêtée d'un cruel coup de coude assorti d'une menace.

– Tais-toi, petite sotte ! Ne te fais pas remarquer ainsi.

Elle avait raison. Des dizaines de regards noirs de femmes scandalisées étaient braqués sur moi. Certaines murmuraient des paroles inaudibles, que j'imaginais fielleuses. Je rabattis mon voile sur mes cheveux, cachant en partie mon visage, et sifflai entre mes dents le contraire de ce que je pensais :

– Peu m'importe ce que l'on dit de moi !

C'était trop bête, ces rabat-joie n'allaient quand même pas me dicter ma conduite, pire, me gâcher mon plaisir. Je décidai de me lever et, au risque de choquer mes nobles voisines, je proclamai à haute et intelligible voix :

– Je suis la fille du grand Cléandros ! Et je suis heureuse, heureuse d'aimer et de connaître les tragédies de Sophocle !

– On rentre ! ordonna ma vieille nourrice.

13e JOUR DU MOIS D'APOLLON

Deux mois déjà sont passés. Nysa surveille la repousse de mes cheveux avec attention. Si elle pouvait, elle tirerait dessus pour qu'ils s'allongent plus vite ! Thalie s'occupe toujours avec gentillesse de mon petit frère. Quant à Lara, elle va et vient dans la maison, souriante et efficace. Dès qu'elle peut, elle me rejoint pour filer la laine, tendre de nouveaux fils sur mon métier ou nettoyer mon coffre à vêtements (elle sait ce que je cache derrière !). En fait, elle recherche, comme moi, ces moments de complicité qui nous permettent d'évoquer notre grand secret : Ioulios jouant sur l'estrade du théâtre de Dionysos ! Je lui décris mon émotion en tant qu'actrice, elle, celle d'une spectatrice. Connaîtrai-je d'autres moments de bonheur aussi intense au cours de ma vie ? Rien n'est moins sûr.

16e JOUR DU MOIS D'APOLLON

Hélas, j'arrive au bout du rouleau de papyrus, mon cher Patrocle. Il va bientôt falloir nous quitter... à moins que je n'efface mon récit avant d'écrire à nouveau. Quelques coups d'éponge suffiraient. Ce serait une bonne solution, vois-tu. Ainsi, premièrement, je pourrais continuer à t'avoir pour confident et, deuxièmement, je serais certaine que Nysa ne découvrira jamais ce que je pense d'elle ni ce que Ioulios a fait. Je vais y réfléchir.

19e JOUR DU MOIS D'APOLLON

Ma vie a repris son cours, comme avant. Enfin, pour être franche, ce n'est pas exactement pareil. Désormais, lorsque je rejoins mon père dans la grande salle, j'étudie Homère bien sûr, mais aussi Sophocle ! Grâce à ce dernier, mes dictées se sont transformées en autodictées puisque je connais le texte par cœur. Hélas, par cœur ne signifie pas sans erreur. Lorsque je dépasse cinq fautes, mon père, agacé, me donne quelques dizaines de lignes de copie, à faire pour le lendemain.

– Ainsi, ma petite fille, l'orthographe des mots et les règles de grammaire imprégneront définitivement ton cerveau, martèle-t-il à chaque fois.

Sa voix tonne alors comme le ciel les soirs d'orage, ses yeux s'illuminent d'étranges lueurs, et je me liquéfie. Il crie, il gronde, il menace. La contemplation de mon bracelet d'or, preuve de son amour pour moi, me redonne courage... Ce n'est pas grave après tout. Il joue à merveille son rôle de père. Un acteur reste un acteur, même à la maison, et c'est ainsi que je l'aime. La tempête passée, je monte sur la terrasse. Je m'installe à l'ombre du muret pour me protéger du soleil printanier déjà brûlant et me mets au travail. Toute la maisonnée ayant entendu les hurlements paternels, personne ne me dérange, pas même Nysa.

20e JOUR DU MOIS D'APOLLON

Aujourd'hui, j'ai douze ans ! Un jour comme les autres, ou presque. Ma vieille nourrice s'en est souvenue, m'offrant quelques baisers. Mon père l'a oublié. Quant à Salios, il n'a pas l'âge d'y penser et, d'ailleurs, il me déçoit. Malgré tous mes efforts, il ne parle toujours pas. Thalie m'assure que c'est normal. Quand même, il pourrait articuler « Cléo », un prénom facile à prononcer, non ?

– Clé-o, Clé-o !

Deux malheureuses petites syllabes. Rien à faire, mon idiot de frère ne m'aime pas. Heureusement, à la tombée de la nuit, Boulas a déposé sur mon lit une fleur flétrie d'un rouge passé. Comment une belette peut-elle connaître le jour de ma naissance ? Par Athéna, c'est impossible ! Est-ce un message divin, un de ceux qu'il est si difficile de comprendre ?

4e JOUR DU MOIS D'ATHÉNA

Je viens d'apprendre une nouvelle incroyable : Eschyle a quitté Athènes ! Il vogue vers l'ouest. Le roi de Sicile l'a invité, dit-on. Certains affirment que son échec aux Grandes Dionysies a causé ce départ précipité. D'autres jurent que, bien au contraire, le grand poète a attendu la fin de la fête pour répondre à cette ancienne invitation. Je préfère cette seconde explication. À presque soixante ans, le grand, le sage, le savant Eschyle a passé l'âge de se vexer ! J'espère qu'il reviendra bien vite et que mon père jouera ses nouvelles tragédies. Pour l'incomparable Cléandros, j'imagine assez bien, en alternance, une année Sophocle, une année Eschyle, tous les ans le prix du meilleur acteur ! Et je serai toujours là pour l'aider... Toujours... Hélas, non ! Que les dieux me viennent en aide ! Dans quelques mois, mon père me choisira un mari ! J'ai peur, Patrocle, affreusement peur.

8e JOUR DU MOIS D'ATHÉNA

Ce matin, j'ai osé ouvrir mon cœur à mon père. Il venait de me féliciter après un exercice de géométrie particulièrement réussi et semblait d'excellente humeur. Alors, je lui ai avoué que je voulais, comme nos puissantes déesses Athéna et Artémis, ne jamais me marier et vivre toujours dans cette maison, dans ma maison. Je lui ôtais ainsi un énorme souci : il n'aurait besoin ni de me chercher un bon époux, ni de verser une dot.

– Ah ! Je vois ! murmura-t-il incapable de cacher son sourire moqueur.

Je réaffirmai le sérieux de ma proposition, expliquant, justifiant... Les larmes picotaient mes yeux et ma voix chevrotait. N'avait-il aucun cœur ? Il attendit patiemment la fin de ma plaidoirie, sirotant, à petites gorgées, une coupe d'eau fraîche.

– Maintenant, assieds-toi et silence, ma fille ! me dit-il. Je vais te raconter une histoire.

J'obtempérai, évitant son regard, désorientée et impatiente, les mains moites.

– Il y a des années de cela, du temps de mon arrière-grand-père, un Athénien avait trois filles, toutes belles, intelligentes et cultivées. Lorsqu'elles furent en âge de se marier, il leur prépara des dots magnifiques et les laissa choisir librement un époux parmi tous les citoyens de la cité. Ainsi ses trois filles épousèrent l'homme de leur choix et furent heureuses... Cléo, je compte suivre ce bel exemple de sagesse !

Il se leva pour remplir à nouveau sa coupe. Un voile de tristesse assombrit son visage. Son sourire moqueur avait disparu. Il soupira, se gratta la barbe. Le silence s'étira.

– Ma petite fille, jamais je ne te marierai contre ton gré. Tu auras une belle dot, apte à plaire à tous les Athéniens. Je te conseillerai, mais c'est toi qui choisiras ton mari ou, si tu y tiens, tu resteras célibataire. Puisque le grand Zeus ne force pas au mariage ses propres filles, Athéna et Artémis, comment oserais-je agir autrement que le maître de l'Olympe !

Un « merci » coincé sortit laborieusement de mes lèvres. Ma peur s'était envolée.

– Alors, Cléo, arrête, je te prie, de te monter la tête et de vivre à l'avance une tragédie qui n'aura pas lieu. Ici, nous ne sommes pas face aux gradins ! Compris ?

J'éclatai de rire, il avait touché juste.

– Dans un an ou deux, nous commencerons à te chercher un citoyen de dix ans ton aîné, intelligent, savant, élégant... Ça te va ? Un sage, un sportif, un soldat courageux et un amoureux des beaux textes... Toujours d'accord ? Un poète ? Un acteur ? En tout cas, un homme qui te permettra de vivre en amie fidèle du théâtre, je te le promets.

Et je sais que mon père ne ment jamais. Il y eut un moment de silence, puis il continua.

– Oui, je voulais te parler mariage, petite Cléo, mais pas du tien. Ta mère est morte depuis un certain temps déjà. Je suis encore jeune et vigoureux, et Salios a besoin d'une maman ! Ne crois-tu pas que l'urgence serait de penser à mon remariage ? Qu'en dis-tu ?

– Je pense que c'est une merveilleuse idée, mais...

– Quoi donc ? s'amusa mon père.

Je n'osais lui répondre. Comment intervenir dans le choix de ma belle-mère, comment lui dire qu'il serait bien qu'elle aime le théâtre pour partager avec nous des moments extraordinaires ?

– Quoi donc ? insista-t-il. Tu ne vas quand même pas exiger que ma future épouse apprécie les beaux textes, Cléo ?

– Oh ! Je n'exige rien, mais j'insiste car ainsi nous pourrions répéter tous les trois, comme au théâtre !

– Cléo, tu es insupportable, délicieuse et...

Je lui sautai au cou et les mots se perdirent dans nos éclats de rire.

POUR ALLER PLUS LOIN

S'il est certain qu'en 468 av. J.-C. le jeune Sophocle remporta le premier prix aux Grandes Dionysies d'Athènes face à Eschyle, malheureusement, les pièces jouées ce jour-là sont perdues. C'est pourquoi l'auteure de ce livre s'est permis de choisir arbitrairement Antigone *de Sophocle, présentée en 442 av. J.-C., et* Les Sept contre Thèbes *d'Eschyle, montée en 467 av. J.-C.*

Un seul pays, mais de nombreux États

La Grèce est un petit pays cerné par la mer, composé d'îles, de montagnes boisées touffues, de torrents souvent à sec et de plaines exiguës. Les étés y sont torrides, les hivers rudes et les chemins, difficiles. Les paysans cultivent des champs d'oliviers et de figuiers, élèvent chèvres et moutons. Par chance, la mer (Égée ou Méditerranée) n'est jamais loin. Habiles pêcheurs, excellents marins, bons commerçants, les Grecs redoutent ses dangers et ses tempêtes soudaines. Cette géographie poussa les Grecs de l'Antiquité à vivre à l'écart les uns des autres. Ils ne formèrent jamais un seul État, mais créèrent de nombreuses Cités-États, indépendantes et fières de l'être, se combattant ou s'unissant parfois contre un ennemi commun.

Une même langue et les mêmes dieux

Athènes, Sparte, Thèbes, Olympie, Corinthe… Ces Cités-États se réduisent à une ville, un port et la campagne environnante. Si elles n'ont ni les mêmes lois, ni la même monnaie, toutes parlent grec et honorent les mêmes dieux. Polythéistes, les Grecs imaginent leurs divinités à leur image, mais immortels, d'une beauté surnaturelle et dotés de pouvoirs infinis. Ils connaissent leurs aventures, leurs amours et leurs jalousies ! Ils craignent leurs colères et espèrent leur aide. Aussi donnent-ils une grande place aux cérémonies religieuses. Chaque famille en organise dans sa maison, chaque cité dans ses temples et lors des fêtes, et tous les Grecs se réunissent à dates fixes lors de grandes fêtes.

Un ennemi commun

Au début du ve siècle av. J.-C., les Cités-États s'unissent à l'arrivée des Perses qui rêvent de conquérir la Grèce. Les guerres médiques commencent. Athènes sera mise à sac et il faudra des années aux Grecs pour vaincre définitivement les Perses. Notre roman se situe une dizaine d'années plus tard (-468). Autant dire que les malheurs de la guerre imprègnent encore tous les esprits.

Athènes la magnifique

Forte de ce succès, Athènes connaît un moment de prospérité et devient la capitale artistique de la Grèce. Pour remercier les dieux de leur victoire, satisfaire leur amour du beau et montrer leur richesse, les Athéniens multiplient monuments, temples et statues de dieux. La cité attire alors tous les artistes de renom, écrivains, auteurs dramatiques, historiens, savants et philosophes. Les Athéniens n'ont pas tous les mêmes droits. Il y a d'abord les « citoyens » (40 000 pour une population de 280 000 environ). Fortunés ou non, ils participent à l'Assemblée qui décide du sort de la cité. Eux seuls peuvent voter et être élus magistrats. Leurs mères, femmes ou filles n'ont aucun droit. Puis viennent les « métèques », les habitants d'origine étrangère. Riches ou pauvres, ils ont un statut spécial, plus d'obligations que de droits, et payent un impôt supplémentaire. Dernière catégorie, les esclaves (100 000). Considéré comme un « outil animé », l'esclave appartient à un maître. Il n'a aucun droit, aucune liberté, aucun statut juridique. Il peut être battu, loué, vendu.

Le théâtre

Les Athéniens aiment les fêtes et les concours sportifs ou artistiques. Dans les premiers temps, lors des cérémonies religieuses pour Dionysos, on fait des rondes, appelées chœurs.

Des jeunes gens dansent et chantent en l'honneur du dieu. On y ajoute des monologues, de plus en plus longs, puis des dialogues entre le chœur et un acteur, bientôt deux, trois avec Sophocle... Le théâtre est né. Les pièces jouées sont écrites pour un seul et unique spectacle ! Trois auteurs tragiques, Eschyle, Sophocle, Euripide (- 484 à - 406), et un poète comique, Aristophane (- 445 à - 385), firent le bonheur des Athéniens du Ve siècle avant notre ère et le nôtre aujourd'hui. Excellent acteur, Eschyle (525 – 456 av. J.-C.) est le premier des grands auteurs de tragédie. Il a combattu les Perses durant les guerres médiques. Inventeur du deuxième acteur et du masque à fond blanc, il enrichit les dialogues, complique l'intrigue, fixe les règles de mise en scène et prend le chœur comme personnage principal de ses tragédies. Il aurait remporté treize victoires aux concours dramatiques et écrit plus de soixante-dix pièces. Hélas, il ne nous en reste que sept. Tout aussi génial, Sophocle (497 – 405 av. J.-C.) se tourne vers le théâtre après des études musicales. Il invente le dialogue rapide et les répliques courtes. Il donne la même importance au chœur qu'aux acteurs, innove en créant des décors. Au cours de sa longue vie, il remporte vingt-six premiers prix ! De ses cent vingt-trois tragédies n'en subsistent que sept. Contemporain d'Eschyle et de Sophocle, Polifrasmone le poète a vraiment existé. Il a gagné le premier prix de tragédie en 471 av. J.-C. Ses tragédies ont hélas toutes disparu.

Quelques dates

- **2000 :** invasion de la Grèce par les Achéens qui fondent de petits royaumes
- **1230 :** légendaire guerre de Troie
- **1200 :** invasion de la Grèce par les Doriens
- **800 à - 500 :** de nombreux Grecs quittent leur cité pour bâtir de nouvelles villes et fonder des « colonies » indépendantes
- **800 à -700 :** *L'Iliade* et *L'Odyssée* (attribués à Homère)
- **525 :** naissance d'Eschyle
- **497 :** naissance de Sophocle
- **490 et - 480 :** guerres médiques
- **472 :** premier prix de tragédie pour Eschyle (*Les Perses*)
- **470 :** naissance de Socrate
- **468 :** premier prix de tragédie pour Sophocle
- **464 :** Sparte détruite par un tremblement de terre
- **450 à 446 :** construction d'un nouvel Odéon à Athènes
- **447 à 438 :** construction du Parthénon
- **444-430 :** Périclès réélu stratège chaque année à Athènes
- **430 :** la peste à Athènes. Périclès sera l'une de ses victimes
- **334 à 323 :** Alexandre le Grand conquiert un vaste empire en commençant par la Grèce

Glossaire

Archonte-éponyme : Haut magistrat élu par l'Assemblée des Citoyens qui donne son nom à l'année pendant laquelle il exerce sa fonction.
Autel : Entassement de cailloux et de terre, bloc de pierre ou petite construction sur lesquels on fait offrandes et sacrifices aux dieux.
Calendrier athénien : Chaque cité à son calendrier. À Athènes, l'année commence l'été, lors de la grande fête d'Athéna. Elle compte en alternance six mois « creux » de 29 jours et six mois « pleins » de 30 jours. Chaque mois commence à la nouvelle lune et se divise en trois décades de dix jours. Pour remédier à cette année de 364 jours, un treizième mois est parfois ajouté.
Comédie : Pièce de théâtre destinée à faire rire.
Devin : Prêtre spécialisé, le devin connaît, dit-on, ce qui est caché, comprend le passé, prédit l'avenir et explique les messages divins : rêves, orages…
Dithyrambe : Accompagné de danses, ce chant choral au rythme de l'aulos est un éloge excessif au divin Dionysos.
Jarre : Grand vase en terre cuite à deux anses symétriques.

Orchestra : Espace réservé au chœur dans un théâtre, délimité par le premier gradin et la skènè.

Prêtre : Personne chargé du culte d'un dieu. Tout citoyen peut assumer cette charge qui lui est confiée par la Cité.

Skènè : Bâtiment de bois servant de coulisses, et dont le toit en terrasse est utilisable par les acteurs qui jouent sur une estrade collée contre la skènè.

Tragédie : Pièce de théâtre destinée à susciter la peur ou la pitié.

Quelques conseils de lecture

Récits tirés du théâtre grec, par Georges Chandon, Pocket Jeunesse

La Belle Hélène, par Viviane Koenig, Oskar Jeunesse

La Grèce antique, par Anne Pearson, Les yeux de la découverte, Gallimard Jeunesse

Et une BD :

Les aventures d'Alix : l'enfant grec, par Jacques Martin, Casterman

À PROPOS DE L'AUTEUR

Historienne, enseignante, **Viviane Koenig** est l'auteure de nombreux ouvrages pour la jeunesse. Dans la collection Mon Histoire, elle a publié *Minémès explorateur pour Pharaon*. Toujours animée par son habituel souci d'exactitude, elle a traversé la mer Méditerranée pour passer d'Égypte en Grèce. Faisant défiler les siècles, elle s'est arrêtée en l'an 468 av. J.-C. Cette année-là, à Athènes, les célèbres poètes Eschyle et Sophocle participent au même concours. Qui remportera le premier prix de tragédie ? Pour partager avec vous ce moment unique, Viviane Koenig a retrouvé la trace de ces poètes, mais aussi de leurs acteurs, choreutes et musiciens. Elle les a fait revivre. C'était il y a 2500 ans ! Un grand moment de théâtre à partager.

DANS LA MÊME COLLECTION

Mon Histoire

Mise en pages : Karine Benoit

Loi n° 49-956 du 16 juillet 1949
sur les publications destinées à la jeunesse

N° d'édition : 244348
Dépôt légal : août 2012
ISBN : 978-2-07-064870-2

Imprimé en Italie par L.E.G.O., Lavis (Trento)